Kant

Ouverture philosophique

Collection dirigée par
Dominique Chateau, Jean-Marc Lachaud et Bruno Péquignot

Une collection d'ouvrages qui se propose d'accueillir des travaux originaux sans exclusive d'écoles ou de thématiques.

Il s'agit de favoriser la confrontation de recherches et des réflexions, qu'elles soient le fait de philosophes « professionnels » ou non. On n'y confondra donc pas la philosophie avec une discipline académique ; elle est réputée être le fait de tous ceux qu'habite la passion de penser, qu'ils soient professeurs de philosophie, spécialistes des sciences humaines, sociales ou naturelles, ou… polisseurs de verres de lunettes astronomiques.

Dernières parutions

Auguste NSONSISSA, *Refaire le(s) monde(s) ?*, 2018.

Gisèle GRAMMARE, *Arts et artistes à vol d'oiseaux, Carnets*, 2018.

Ivan NEYKOV, *Être et Bien, Le Bien en tant que le sens de l'Être*, 2018.

Blanchard MAKANGA, *Philosophie, éthique et droits de l'existant, Une analyse écosophique des sociétés contemporaine,* 2018.

Giscard Kevin DESSINGA, *Éloge de la dissidence, Six leçons sur l'histoire de la philosophie,* 2018.

Joël BIENFAIT, *Le bonheur entre Jean-Jacques et Rousseau. Manifeste d'anti-croyance,* 2018.

Stéphane VINOLO, *Par-dessus le marché : Spinoza, Smith, Derrida, Girard. La transparence est l'obstacle, III*, 2018.

Marcel NGUIMBI, Frédéric MAKITA BATI, *Dire ce qu'il faut dire, Essai sur le pragmatisme inférentialiste de Robert Boyce Brandom,* 2018.

Jean-Marc BOURDIN, *René Girard, promoteur d'une science des rapports humains, Une théorie mimétique des sociétés politiques,* 2018.

Jean-Marc BOURDIN, *René Girard, philosophe politique, malgré lui, Une théorie mimétique des sociétés politiques,* 2018.

Pascal Gaudet

Kant

Une sagesse pour notre temps

L'Harmattan

Du même auteur
Chez le même éditeur

L'expérience kantienne de la pensée. Réflexion et architectonique dans la Critique de la raison pure, 2001.

Phénoménologie de la réflexion dans la pensée critique de Kant, 2002.

Qu'est-ce que penser ?, 2003.

Kant et le problème du transcendantalisme, 2006.

Le problème de l'architectonique dans la philosophie critique de Kant, 2009.

L'anthropologie transcendantale de Kant, 2011.

Kant et la fondation architectonique de l'existence, 2011.

Penser la liberté et le temps avec Kant, 2014.

Penser la politique avec Kant, 2014.

Philosophie et existence, 2014.

Le problème kantien de l'éthique, 2014.

Qu'est-ce que la philosophie ?, 2016.

L'institution kantienne de l'humanité, 2017.

5-7, rue de l'Ecole-Polytechnique, 75005 Paris

http://www.editions-harmattan.fr

ISBN : 978-2-343-15469-5
EAN : 9782343154695

A Robert et Gisèle Gaudet

INTRODUCTION

S'il n'y a pas d'existence proprement humaine sans la « science » (« la déduction transcendantale [...] [garantissant] l'objectivité de la démarche intellectuelle »)[1], l'Idée de la transcendantalité théorique doit être pensée comme fondée dans l'Idée de la « fin finale [*Endzweck*] »[2] de l'être humain, donc dans l'Idée de la « science » métaphysique (l'Idée d'une « racine commune »[3] des pouvoirs de l'esprit permet de penser l'« unité [...] de [...] la science [métaphysique] »[4], c'est-à-dire l'Idée d'« un tout systématique et parachevé en ses moindres parties »[5]), soit dans l'Idée de « sagesse » (entendue ici comme « savoir [...] subjectif », « instruction de soi-même »)[6], au sens où il n'y a « [pas] de sagesse sans rapport à un tout »[7] (la sagesse étant définie, le plus originairement, comme « l'idée d'un usage pratique de la raison qui soit parfait et conforme [...] [à la loi morale] »[8]). Il y a donc « un primat de la raison pratique sur la raison théorique » (« pourquoi faire de la science ? Pour être une personne »)[9]. Reprenant, *mutatis mutandis*, un propos de A. Philonenko sur Fichte, nous dirions que la Critique de Kant, en pensant, sur le mode du jugement réfléchissant, « comme fondement [...] le primat de la raison pratique », « [dégage] l'authentique signification du sujet

---

[1] M. Meyer, *De la problématologie*, PUF, Paris, 2015 (*in* « Introduction. La nature de la philosophie »).

[2] Kant, *Critique de la raison pure* (cité *CRP*), AK. III, 543, trad. A. Renaut, GF Flammarion, Paris, 2001, p. 679.

[3] *Ibid.*, AK. III, 46, *o.c.*, p. 113.

[4] F. Pierobon, « Le malentendu Kant/Heidegger », *Épokhè* 1, Millon, Grenoble, 1990, p. 158.

[5] Kant, *Prolégomènes à toute métaphysique future*, AK. IV, 261, trad. J. Gibelin, Vrin, Paris, 1974, p. 15.

[6] Kant, *Opus postumum*, AK. XXI, 6, trad. F. Marty, PUF, Paris, 1986, p. 262.

[7] F. Marty, *in* Kant, *Opus postumum*, note 627, p. 360.

[8] Kant, *Anthropologie du point de vue pragmatique*, AK. VII, 200, trad. M. Foucault, Vrin, Paris, 2009, p. 151.

[9] B. Rousset, in F. Marty, « L'*Opus postumum* kantien, une quatrième Critique ? », *Bulletin de la Société française de Philosophie*, 23 Avril 1988, A. Colin, Paris, p. 143.

transcendantal [à entendre au sens du sujet théorique kantien, mais aussi, plus largement, au sens du sujet de la philosophie critique] comme liberté et comme vie »[10], la « vie » au sens kantien étant, « sous sa forme la plus haute, c'est-à-dire comme vie humaine et comme goût », « le phénomène de la moralité »[11].

Mais pourquoi la « force vitale » (*Lebenskraft*) [12]est-elle pensée comme fondée dans l'Idée de la liberté morale et comme orientée vers l'Idée du souverain Bien[13] ? Pourquoi *cette* pensée kantienne de la disposition esthétique de l'homme et de la moralité comme devoir ? Pourquoi *cette* ouverture critique au *Glauben* (la « croyance » rationnelle) comme auto-institution de la pensée ? Pourquoi donc *cette* conception kantienne (d'une « critique ») de la « raison », qui fonde *cette* Idée de la « sagesse » ?

En toute hypothèse, nous nous proposons d'établir la signification de cette sagesse, ainsi que sa valeur pour notre temps, marqué, selon N. Kompridis, par ce « phénomène omniprésent » qu'est le « profond scepticisme envers la raison », scepticisme qui est le « produit de près de deux siècles d'impitoyable critique »[14]. N. Kompridis soutient que si « l'histoire philosophique de la raison moderne débute par l'exercice d'un doute feint [le « doute cartésien »], c'est un trait bien ironique de cette histoire que la poignante réalité du doute contemporain qui assaille la raison et dont les effets sur nos pratiques et notre compréhension de nous-mêmes ne sont certes pas feints »[15]. Ce « doute » est de nature à « mettre en péril notre compréhension de nous-mêmes comme [...] êtres aptes à s'auto-déterminer », soit la « confiance légitime en nous-mêmes

---

[10] A. Philonenko, *L'œuvre de Kant* I, Vrin, Paris, 2003, p. 10.

[11] A. Philonenko, *Métaphysique et politique chez Kant et Fichte*, Vrin, Paris, 1997, p. 106.

[12] Kant, *Anthropologie du point de vue pragmatique*, AK. VII, 231, *o.c.*, p. 178.

[13] Cf. notre ouvrage *L'institution kantienne de l'humanité*, L'Harmattan, Paris, 2017, p. 39 sq.

[14] N. Kompridis, « De Kant à Foucault. Réorientation de la critique », trad. F.-E. Schürch, *Archives de Philosophie*, 2003/4, Tome 66, p. 637.

[15] *Ibid.*

ainsi qu'en nos pratiques », confiance qui est la « condition de l'agir humain et de l'exercice [...] de la critique »[16].

A la vérité, le péril ne vient pas de la critique adressée à Kant par des penseurs tels que J. Rawls ou J. Habermas, laquelle vise à « remettre à l'ordre du jour » la « conception kantienne de la raison », le souci de ces penseurs étant, toutefois, de « [délester] » la critique kantienne « de ses plus intenables présupposés métaphysiques, son purisme en particulier », et de « la [reconstruire] sous une forme « détranscendantalisée » »[17]. L'on peut alors se demander ce qu'il en est de « la thèse fondamentale de Kant relative à l'interdépendance de la raison, de la liberté et de la critique »[18]. A ce propos, N. Kompridis soutient qu'il est impossible de revenir à Kant « de manière naïve », son argument étant que « le nombre de ceux pour qui « les lois immuables et éternelles » de la raison peuvent être légitimées va toujours décroissant, tout particulièrement en ce qui concerne la raison pratique » ; en outre, nous serions « devenus plus sensibles et plus conscients des différences culturelles et des contingences historiques »[19].

Le péril vient d'une « critique beaucoup plus suspicieuse et sceptique de la raison »[20], « critique » qui « [fait] porter son scepticisme sur la raison elle-même » et qui « prend la forme d'une critique dominée par le soupçon et dont l'exercice principal consiste à démasquer »[21] (N. Kompridis citant, à ce propos, entre autres, Nietzsche et Foucault). Le travail de N. Kompridis vise à « sortir » de cette « crise de la critique »[22] : « [si] l'on débute avec les prémisses de la critique démasquante, toute confiance semble impossible », y compris à l'égard de l'« exercice » même de cette critique[23].

---

[16] *Ibid.*
[17] *Ibid.*, p. 636.
[18] *Ibid.*
[19] *Ibid.*
[20] *Ibid.*, p. 636-637.
[21] *Ibid.*, p. 638.
[22] *Ibid.*, p. 640.
[23] *Ibid.*, p. 639-640.

Nous proposons, quant à nous, de fonder dans la sagesse kantienne, qui est l'objet de la présente étude, ce que N. Kompridis nomme un « assentiment réfléchi à la force critique de la raison »[24]. Il s'agit de montrer en quoi la sagesse au sens kantien doit être reconnue non pas comme un « noble idéal » dont nous ne savons si nous sommes « en état de le réaliser »[25], mais comme une exigence fondée sur la « liberté » de la raison (au sens moral), soit comme une « pratique »[26] que nous devons mettre en œuvre à chaque instant.

*

Ce que nous avons souligné en premier lieu[27] chez Kant, c'est l'Idée du « sens commun », l'exigence de « penser par soi-même »[28] étant articulée à la méthodologie transcendantale de la première *Critique*, soit, précisément, à l'Idée d'une architectonique de la raison pure. L'effectivité architectonique de la réflexion transcendantale (réflexion que nous concevons comme le principe de la méthode criticiste, cf. *infra* II) s'inscrit dans la perspective de l'Idée d'une « fin finale » (*Endzweck*)[29] de l'existence, la question philosophique essentielle (*wesentlich*) étant la question : « Qu'est-ce que l'homme ? »[30].

Certes, on peut considérer que le propos de l'*Anthropologie du point de vue pragmatique* selon lequel « la connaissance pragmatique » « tend à l'exploration de ce que [...] l'homme, en tant qu'être de libre activité, fait ou peut et doit faire de lui-même »[31] doit s'apprécier « dans une autre tradition » que celle d'Aristote, pour qui la « morale [...] vise [...] à la réalisation la plus achevée possible des virtualités de

---

24 *Ibid.*, p. 636.

25 Kant, *Réflexions sur l'éducation*, AK. IX, 444, trad. A. Philonenko, Vrin, Paris, 2004, p. 101.

26 Kant, *CRP*, AK. III, 520, *o.c.*, p. 655.

27 Dès notre ouvrage *L'expérience kantienne de la pensée. Réflexion et architectonique dans la* Critique de la raison pure, L'Harmattan, Paris, 2001.

28 Kant, *Critique de la faculté de juger* (cité *CJ*), AK. V, 294, trad. A. Renaut, GF Flammarion, Paris, 2000, p. 279.

29 Kant, *CRP*, AK. III, 543, *o.c.*, p. 679.

30 Kant, *Logique*, AK. IX, 25, trad. L. Guillermit, Vrin, Paris, 1982, p. 25.

31 Kant, *Anthropologie du point de vue pragmatique*, AK. VII, 119, *o.c.*, p. 83.

l'homme »[32]. En effet, « pour Kant, écrit P. Aubenque, [...] une volonté tendue vers la réalisation d'une essence [...] serait une volonté hétéronome. L'homme, du moins l'homme empirique, n'est pas à lui-même sa propre fin ; il n'est pas en ce monde pour se réaliser, mais pour accomplir la loi morale, dût-il pour cela se perdre »[33]. Par ailleurs, M. Foucault souligne que le « courage de savoir », que Kant « [invoque] » dans son opuscule *Réponse à la question : Qu'est-ce que les Lumières ?*, « consiste à reconnaître les limites de la connaissance »[34], « l'idée d'une certaine transformation spirituelle du sujet, qui lui donnerait enfin accès à quelque chose à quoi précisément il n'a pas accès pour l'instant, [étant] chimérique »[35]. L'idée de la « philosophie grecque » selon laquelle « je dois opérer sur moi-même » un « travail de purification », une « conversion », une « ascèse », pour « [être] capable et digne d'arriver jusqu'à la vérité et [pour] que la vérité me soit donnée »[36], cette idée, disons-nous, ne serait pas kantienne, M. Foucault soutenant que la philosophie de Kant est un « [moment] » qui marque « la liquidation de ce qu'on pourrait appeler la condition de spiritualité pour l'accès à la vérité »[37]. Il « faut que je me reconnaisse comme sujet universel, c'est-à-dire, il faut que, dans chacune de mes actions, je me constitue moi-même comme sujet universel d'une règle universelle »[38] : tel est, souligne M. Foucault, le principe de la philosophie critique pratique. La connaissance (de soi) n'est pas une condition de

---

[32] P. Aubenque, *La prudence chez Aristote* (Appendice III : « La prudence chez Kant »), PUF, Paris, 1993, p. 203 ; P. Aubenque cite l'*Éthique à Nicomaque*, X, 7, 1178 a 5-8 (note 3, p. 203).
[33] *Ibid.*, p. 203-204.
[34] M. Foucault, *Qu'est-ce que la critique ?*, Vrin, Paris, 2015, p. 42.
[35] M. Foucault, *L'herméneutique du sujet*, Seuil-Gallimard, Paris, 2001, p. 183.
[36] M. Foucault, « Débat au Département de Français de l'Université de Californie à Berkeley », *in La Culture de soi*, Vrin, Paris, 2015, p. 176.
[37] M. Foucault, *L'herméneutique du sujet*, *o.c.*, p. 183.
[38] M. Foucault, « Débat au Département de Français de l'Université de Californie à Berkeley », *in La culture de soi*, *o.c.*, p. 177.

l'action morale, laquelle se fonde sur ce « fait de la raison »[39] qu'est la « loi » morale, « fait » dont nous avons une « conscience immédiate »[40]. Si donc « c'est en choisissant l'universel plutôt que le singulier que l'on a une chance d'accéder à la morale », « les hommes se voient libérés de la contrainte épuisante de devoir se connaître avant d'agir »[41], d'où l'idée que la morale (au sens kantien) n'a pas pour fin d'accomplir notre humanité (cf. *supra*) en sa « vérité », mais uniquement d'agir « par devoir » (« par respect pour la loi »)[42].

Pourtant, la « connaissance morale de soi » est un « commandement » – « interroge-toi, sonde-toi [...] analyse ton cœur » –[43]. Être moral exige d'« [écarter] les obstacles intérieurs » et de « [développer] les dispositions originaires d'une bonne volonté », ce en quoi consiste précisément la « connaissance morale de soi » qui est « le début de toute sagesse humaine »[44].

En outre, nous avons montré[45] que l'Idée « éthique » (cf. *infra*) d'une réalisation de l'humanité est bien à l'œuvre chez Kant, et ce, dans le cadre d'une morale (la « morale moderne ») fondée sur l'« idée » de « devoir », « idée » qui serait, selon V. Brochard, « essentiellement [...] religieuse »[46] (nous reviendrons sur le rapport de la morale kantienne à la religion dans le chapitre III). D'où l'originalité de la pensée « éthique » (cf. *infra*) de Kant et son intérêt pour notre temps, habité par l'Idée de Dieu.

---

[39] Kant, *Critique de la raison pratique* (cité *CRPr*), AK. V, 31, trad. J.-P. Fussler, GF Flammarion, Paris, 2003, p. 127.

[40] M. Cohen-Halimi, *Entendre raison. Essai sur la philosophie pratique de Kant*, Vrin, Paris, 2004, p. 355.

[41] M. Fœssel, « Kant ou les vertus de l'autonomie », *Études* 2011/3 (Tome 414), p. 351.

[42] Kant, *CRPr*, AK. V, 144, *o.c.*, p. 192.

[43] Kant, *Métaphysique des mœurs* II, *Doctrine de la vertu*, AK. VI, 441, trad. A. Renaut, GF Flammarion, Paris, 1994, p. 299.

[44] *Ibid.*

[45] Cf. nos ouvrages depuis *L'anthropologie transcendantale de Kant*, L'Harmattan, Paris, 2011, jusqu'à *Le problème kantien de l'éthique*, L'Harmattan, Paris, 2014.

[46] V. Brochard, *Études de philosophie ancienne et de philosophie moderne*, Vrin, Paris, 1974, p. 497.

L'essentiel résiderait dans une exigence spirituelle (au sens du *Gemüt* vivifié par le *Geist*, qui lui-même s'origine dans la raison pratique pure[47]) fondée dans l'Idée morale de la « destination complète »[48] de notre humanité, Idée s'inscrivant dans la perspective « éthique » du devoir d'habiter le monde[49]. Quel est le *sens* de ce projet éthique ?

---

[47] Cf. notre ouvrage *L'institution kantienne de l'humanité*, *o.c.*, p. 39 sq.
[48] Kant, *CRP,* AK. III, 543, *o.c.*, p. 679
[49] Cf. notre ouvrage *Le problème kantien de l'éthique. Habiter le monde*, *o.c.*

CHAPITRE I

Sens de l'attitude critique kantienne

Faut-il soutenir, en suivant le « scepticisme humien », tel du moins qu'il est interprété « [sous] la loupe de Kant », qu'« il n'y a pas de connaissance *a priori* »[1], donc qu'« il n'y a pas et qu'il ne saurait y avoir de métaphysique »[2], si l'on entend par là une discipline « [pouvant] se présenter comme science »[3] ? Confrontée à ces « inévitables problèmes » que sont « Dieu, la liberté et l'immortalité »[4], problèmes à propos desquels « l'expérience ne peut fournir nul fil conducteur »[5], nulle « réponse »[6], la raison humaine serait vouée aux « conflits sans fin »[7] et au « bavardage dogmatique » de la « vulgaire métaphysique d'école »[8]. Il n'y aurait d'autre choix, sur ce « champ de bataille »[9] de la philosophie, qu'entre le dogmatisme, comme « connaissance *a priori* donnée naturellement » (au sens d'une « connaissance » « dont l'élaboration » se fait « en dehors de toute enquête critique sur sa possibilité »)[10], soit comme production de la « métaphysique » en tant que « disposition naturelle de la raison »[11], et les « attaques » sceptiques « contre les droits d'une raison pure »[12] (Hume « s'[étant] [...] penché sur la question [...] de l'origine du concept de causalité » et

---

[1] J. Grondin, *Kant et le problème de la philosophie : l'a priori*, PUF, Paris, 1989, p. 26.
[2] Kant, *Prolégomènes à toute métaphysique future*, AK. IV, 258, *o.c.*, p. 11, cité par J. Grondin, *o.c.*, p. 27.
[3] Kant, *Prolégomènes à toute métaphysique future*, AK. IV, 255, *o.c.*, p. 7.
[4] Kant, *CRP*, AK. III, 31, *o.c.*, p. 97.
[5] *Ibid.*, AK. III, 30, *o.c.*, p. 97.
[6] *Ibid.*, AK. III, 41, *o.c.*, p. 108.
[7] *Ibid.*, AK. IV, 7, *o.c.*, p. 63.
[8] Kant, *Prolégomènes à toute métaphysique future*, AK. IV, 366, *o.c.*, p. 158.
[9] Kant, *CRP*, AK. IV, 7, *o.c.*, p. 63.
[10] Kant, *Prolégomènes à toute métaphysique future*, AK. IV, 279, *o.c.*, p. 39.
[11] *Ibid.*, AK. IV, 364, *o.c.*, p. 157 (cf. également *ibid.*, AK. IV, 279, *o.c.*, p. 39).
[12] Kant, *CRP*, AK. V, 50, *o.c.*, p. 152.

ayant « [fait] dériver la notion de causalité » non pas de la « raison pure », mais de la « simple habitude ») : il n'y aurait pas de « science qui dépasse le champ restreint des faits particuliers et contingents »[13].

Que faut-il donc penser des « capacités de la raison pure »[14] ? Doit-on se résoudre à penser qu'« il n'y a pas de raison »[15], ce qui signerait « l'arrêt de mort de la métaphysique rationnelle »[16] ? Mais quel serait le *sens* d'une « [méfiance] »[17] vis-à-vis de la raison, d'une « défiance de la conscience commune à l'égard de la raison »[18] ? Que penser de cette « misologie »[19] qui « résulte de l'expérience répétée d'une confiance trahie »[20] ?

S'interroger sur le *sens* des « [méthodes] »[21] dogmatique et sceptique, c'est s'interroger sur ce qu'elles signifient en tant qu'« [attitudes] de conscience », selon une expression de Kant[22]. Faut-il reconnaître en elles les attitudes d'une « conscience » qui est au clair avec « la haute exigence de la loi morale »[23] qui la constitue ? Ces attitudes sont à apprécier comme des manières d'exister, d'habiter le monde. Sont-elles de nature à satisfaire à la « destination complète de l'être humain »[24] ?

Le dogmatisme, entendu comme « confiance générale » de la « métaphysique » « en ses principes, sans critique préalable du pouvoir même de connaître »[25], « [prétend] »[26]

---

[13] J. Grondin, *Kant et le problème de la philosophie : l'a priori*, *o.c.*, p. 27.
[14] *Ibid.*
[15] M. Castillo, *Kant. L'invention critique*, Vrin, Paris, 1997, p. 31.
[16] M. Puech, *Kant et la causalité*, Vrin, Paris, 1990, p. 139.
[17] J. Grondin, *Kant et le problème de la philosophie : l'a priori*, *o.c.*, p. 27.
[18] M. Cohen-Halimi, *Entendre raison. Essai sur la philosophie pratique de Kant*, *o.c.*, p. 254.
[19] Kant, *CRP*, AK. III, 552, *o.c.*, p. 687.
[20] M. Cohen-Halimi, *Entendre raison. Essai sur la philosophie pratique de Kant*, *o.c.*, p. 254.
[21] Kant, *CRP*, AK. III, 552, *o.c.*, p. 688.
[22] Kant, *Opus postumum*, AK. XXI, 153, *o.c.*, p. 256.
[23] Kant, *CJ*, AK. V, 452, *o.c.*, p. 452.
[24] Kant, *CRP*, AK. III, 543, *o.c.*, p. 679.
[25] Kant, *Réponse à Eberhard*, AK. VIII, 226, trad. R. Kempf, Vrin, Paris, 1973, p. 78.
[26] Kant, *CRP*, AK. III, 18, *o.c.*, p. 85.

« connaître avec discernement » (*einsehen*)[27] le suprasensible (la « liberté »[28]), contrevenant ainsi au principe de l'« [*Aufhebung*] » critique entre le « savoir » et la « croyance »[29], ce qui a nécessairement pour effet de produire l'« incroyance » (*Unglauben*) (il y a « incroyance » au sens où la conception dogmatique du « savoir » ne laisse aucune « place pour la croyance [rationnelle] »[30] au sens kantien). Le dogmatisme est « la vraie source de toute incroyance entrant en conflit avec la moralité – incroyance qui est toujours très fortement dogmatique »[31] : il « [déclare] impossible toute extension pratique de la raison pure »[32], c'est-à-dire le fait d'« admettre Dieu, la liberté et l'immortalité, à destination du nécessaire usage pratique de ma raison »[33]. Quant au scepticisme, il conduit à des « soupçons jetés sur toute connaissance *a priori*, lesquels finissent par engendrer une doctrine universelle de doute métaphysique »[34] ; cette doctrine est donc aussi « [dangereuse] »[35] que le « désir exalté [*schwärmende*] de savoir qui s'exprime dans le dogmatisme »[36], puisqu'elle porte un coup fatal au concept de devoir (la loi morale ne pouvant être reconnue comme « proposition synthétique *a priori* »[37]).

D'où la « décision » (*Entscheidung*)[38] kantienne d'« [ouvrir] » une « voie » philosophique nouvelle, celle du criticisme[39], qui institue une nouvelle manière d'exister, ou mieux, la seule « vraie » manière d'exister, l'existence proprement humaine devant « respecter le déploiement », soit la

---

[27] *Ibid.*, p. 84.
[28] *Ibid.*
[29] *Ibid.*, AK. III, 19, *o.c.*, p. 85.
[30] *Ibid.*
[31] *Ibid.*
[32] *Ibid.*
[33] *Ibid.*, AK. III, 18, *o.c.*, p. 84.
[34] Kant, *Réponse à Eberhard*, AK. VIII, 226, *o.c.*, p. 78.
[35] Kant, *CRP*, AK. III, 21, *o.c.*, p. 87.
[36] *Ibid.*, AK. IV, 10, *o.c.*, p. 66.
[37] Kant, *CRPr*, AK. V, 31, *o.c.*, p. 127 ; cf. également *Métaphysique des mœurs* I, *Fondation*, AK. IV, 420, trad. A. Renaut, GF Flammarion, 1994, p. 96.
[38] Kant, *CRP*, AK. III, 491, *o.c.*, p. 627.
[39] *Ibid.*, AK. III, 552, *o.c.*, p. 688.

spatialisation-temporalisation, « architectonique »[40]. La pensée se fonde alors sur « la maxime d'une défiance universelle à l'égard de toutes les propositions synthétiques de la métaphysique, jusqu'à ce qu'ait été reconnu un fondement universel de leur possibilité dans les conditions essentielles de notre pouvoir de connaître »[41]. Il s'agit de « [faire] des recherches dans la raison pure même », de ne « [poser] comme fondement aucune donnée sauf la raison même », « en [s']efforçant de déterminer par des principes, à cette source même, aussi bien les éléments que les lois de son usage pur »[42]. La métaphysique est-elle possible comme science ? En tout cas, elle ne peut l'être dans le sens de la science mathématique, la philosophie n'étant pas une « connaissance rationnelle par construction des concepts »[43] (on ne peut construire, c'est-à-dire « [présenter] *a priori* dans l'intuition »[44], le concept d'objets suprasensibles, car l'intuition dont il s'agit est l'intuition pure *a priori* qui fonde la possibilité de la seule expérience – Kant établit, en effet, que « l'espace et le temps » ne « constituent » pas « des conditions de possibilité des choses en soi »[45]). La métaphysique ne peut davantage être assimilée à une science au sens de la physique pure, qui « [renferme] des propositions reconnues [...] comme vraies quoique indépendantes de l'expérience », non « par la raison seule avec une certitude apodictique », comme la mathématique, mais « par le consentement universel fondé sur l'expérience [au sens ici de l'« expérimentation »] »[46]. Il est donc « [indiscutable] » que la mathématique et la physique pures existent comme sciences, c'est-à-dire comme « [connaissances] [synthétiques] *a priori* »[47]. Dès lors, il s'agit de se « demander » « comment [...]

[40] F. Pierobon, « Le malentendu Kant/Heidegger », *o.c.*, p. 158.
[41] Kant, *Réponse à Eberhard*, AK. VIII, 227, *o.c.*, p. 78.
[42] Kant, *Prolégomènes à toute métaphysique future*, AK. IV, 274, *o.c.*, p. 32.
[43] Kant, *CRP*, AK. III, 469, *o.c.*, p. 604.
[44] *Ibid.*, AK. III, 474, *o.c.*, p. 609.
[45] *Ibid.*, AK. III, 68, *o.c.*, p. 136.
[46] Kant, *Prolégomènes à toute métaphysique future*, AK. IV, 275, *o.c.*, p. 32-33 (sur l'« expérimentation » (*Experiment*), cf. *CRP*, AK. III, 10, *o.c.*, p. 76).
[47] *Ibid.*, p. 33.

[la science] est [possible] », de chercher quel est le « principe de la possibilité de la connaissance donnée », « pour pouvoir dériver » de ce principe « la possibilité » de toute connaissance[48]. Tel est précisément le sens de la recherche métaphysique, en son sens « scientifique », selon Kant : la métaphysique doit produire un « savoir [rationnel] sur le savoir objectif »[49] ; elle ne peut donc valoir comme scientifique que dans le sens d'une « métaphysique transcendantale », soit « comme questionnement réflexif sur les conditions qui permettent toute connaissance »[50].

L'Idée de « science » métaphysique est donc « basée sur la signification de la notion de connaissance synthétique *a priori* »[51] : c'est là, souligne O. Höffe, « la question du « destin de la philosophie », car la manière d'y répondre permettra de déterminer si la philosophie peut prétendre au rang de science autonome »[52]. Mais il s'agit également d'« [organiser] » les contenus « en système » ; l'Idée de « science » métaphysique « s'articule en fonction d'un concept normatif de système »[53], soit selon l'Idée architectonique de l'« [*Aufhebung*] »[54] « entre le *Wissen* et le *Glauben* »[55]. Or, quel est le *sens* de la « séparation [...] entre le savoir comme saisie de mon expérience en tant que fait et le croire »[56], séparation fondée dans la réflexion (au sens du jugement réfléchissant) incessante sur l'Idée d'un passage entre la nature et la liberté ? Que *signifie* au juste le « geste critique [comme « remontée aux

---

[48] *Ibid.*

[49] O. Höffe, *Introduction à la philosophie pratique de Kant*, trad. F. Rüegg, Vrin, Paris, 1993, p. 30.

[50] *Ibid.*, p. 32.

[51] R. Theis, « Science et système », *in Kant et la science. La théorie critique et transcendantale de la connaissance*, S. Grapotte, M. Lequan, M. Ruffing, Vrin, Paris, 2011, p. 43.

[52] O. Höffe, *Introduction à la philosophie pratique de Kant*, *o.c.*, p. 27.

[53] R. Theis, « Science et système », *o.c.*, p. 43.

[54] Kant, *CRP*, AK. III, 19.

[55] F. Pierobon, *Kant et la fondation architectonique de la métaphysique*, Millon, Grenoble, 1990, p. 44.

[56] O. Abel, « Kant et l'émancipation de l'humanité », *Autres Temps*/Année 1990/25/p. 8.

conditions de possibilité ultimes de la connaissance – déduction – »] […] aboutissant à l'éthique [« le primat […] de la raison pratique »] »[57] ? Que penser de la sagesse qu'institue le décisionnisme kantien ?

Tenter d'établir le *sens* de cette sagesse, c'est se demander quelle en est la « motivation » (« pourquoi » Kant « [veut] »-il, nous appelle-t-il à, *cette* forme spécifique de sagesse ?)[58] et quelle en est la « justification » (qu'en est-il de la « vérité » de ses « énoncés »[59] ? ; pourquoi *cette* forme de sagesse peut-elle être reconnue comme fondée dans la « vérité » de notre humanité ?).

---

[57] O. Dekens, « Le Kant de Lévinas. Notes pour un transcendantalisme éthique », *Revue Philosophique de Louvain*, Année 2002/Volume 100/Numéro 1, p. 120 et 117.

[58] Cf. E. Tugendhat, *Conférences sur l'éthique*, trad. M.-N. Ryan, PUF, Paris, 1998, p. 83.

[59] Cf. *ibid.*, p. 21.

CHAPITRE II

Motivation de l'attitude critique kantienne

Le « savoir » (*Wissen*) de la « vérité » est, dans la philosophie critique, une analytique transcendantale, c'est-à-dire le savoir d'une « vérité transcendantale »[1] qui « précède toute vérité empirique et la rend possible »[2]. Or, que notre esprit n'ait pas d'« accès direct à la sphère nouménale » (c'est-à-dire pas d'intuition intellectuelle, S. Žižek se référant ici au passage de la *Critique de la raison pratique* dans lequel Kant évoque une « capacité de pénétration » ou des « lumières » qui nous permettraient d'avoir « devant nos yeux » « Dieu et l'éternité »[3])[4] ; que la « chose-en-soi » – à savoir ce « qu'est l'homme en tant qu'âme », le « sujet-pour-soi », ainsi que « Dieu »[5] – puisse seulement être pensée, cela n'est-il pas de nature à désespérer une âme éprise d'absolu, à la « [précipiter] [...] dans une crise dépressive »[6], dans le « gouffre du chaos »[7] ? Que l'on songe à Kleist, lecteur de Kant : « La pensée que nous ne savons rien ici-bas de la vérité, absolument rien, [...] cette pensée m'a ébranlé jusque dans le sanctuaire de mon âme – mon unique but, mon but suprême s'est effondré, je n'en ai plus aucun »[8].

---

[1] Kant, *CRP,* AK. III, 139, *o.c.*, p. 229.

[2] *Ibid.*

[3] Kant, *CRPr*, AK. V, 147, *o.c.*, p. 277.

[4] S. Žižek, *Le sujet qui fâche*, trad. S. Kouvélakis, Flammarion, Paris, 2007.

[5] E. Weil, *Problèmes kantiens*, Vrin, Paris, 1970, p. 45 et 42.

[6] F. Kaltenbeck, « Le suicidé et son double : de l'écriture mélancolique » (« Le mauvais miroir de Heinrich von Kleist »), *in Clinique du suicide*, G. Morel (sous la direction de), Erès, Toulouse, 2012.

[7] Kant, *CJ*, AK. V, 452, *o.c.*, p. 451.

[8] H. von Kleist, « Lettre du 22 mars 1801 à Wihelmine von Zenge », citée par F. Kaltenbeck, « Le suicidé et son double : de l'écriture mélancolique » (« Le mauvais miroir de Heinrich von Kleist »), *in Clinique du suicide, o.c.*

Nous nous proposons de « réduire » (que l'on songe ici à la « réduction » transcendantale au sens de la « *praxis* » « phénoménologique », « réduction » « [re-conduisant] [...] l'expérience mienne qui se donne immédiatement sous mon regard à ses implications internes non-sues »[9]) la pensée de Kant à son sens transcendantal et de « re-conduire » (au sens de la « re-conduction (sens profond et étymologique de « réduction ») »[10]) la transcendantalité kantienne vers ses « concrescences » les « plus profondes »[11].

*

La pensée de Kant ne s'institue-t-elle pas comme une lutte résolue contre la (tendance à la) dépression ?

La dépression doit être distinguée du « tempérament »[12] mélancolique, tempérament qui fut celui de Kant[13] et qui se manifeste – nous soulignons ce symptôme – par une « lassitude », dont Kant reconnaît qu'elle « n'est pas rare » (être « las [*überdrüssig*] de [soi]-même comme du monde »)[14]. Pourtant, « un état dépressif, écrit H. Maldiney, même accentué » peut se « comprendre [...] sur le fond [...] [d']une chute de potentiel vital », H. Maldiney citant, à ce propos, la « lassitude »[15]. A la vérité, Kant a su résister à la dépression entendue comme « abattement ou [...] accablement »[16]. On pourrait dire de cette résistance qu'elle fut, comme sa

---

[9] N. Depraz, « La réduction phénoménologique comme *praxis* », *L'Enseignement philosophique*, 51e Année – Numéro 2, Novembre-décembre 2000, p. 37 et 40.

[10] P.P. Varela, « Suspension, déshumanisation, hyperbole (Husserl, Fink, Richir). Radicalisations de l'épochè et paliers de concrescence », *in Philosophia, E-Journal of Philosophy and Culture*, 7/2014, p. 98.

[11] *Ibid.*, p. 111.

[12] Kant, *Anthropologie du point de vue pragmatique*, AK. VII, 288, *o.c.*, p. 225-226.

[13] Cf. notre ouvrage *L'institution kantienne de l'humanité*, *o.c.*, p. 51 sq.

[14] Kant, *Observations sur le sentiment du beau et du sublime*, AK. II, 221, cité et traduit par M. David-Ménard, *La folie dans la raison pure*, Vrin, Paris, 1990, p. 193.

[15] H. Maldiney, *Penser l'homme et la folie*, Millon, Grenoble, 1997, p. 89.

[16] *Ibid.*

« longévité », son « œuvre »[17]. *A fortiori*, la mélancolie de Kant n'a rien de cette « psychose mélancolique » « où la transcendance [« cette transcendance par où la présence [...] existe en tant que soi-même »] défaille, où la présence ne se tient plus à l'avant de soi »[18]. La « psychose mélancolique » (au sens qui vient d'être défini) doit être pensée dans la perspective d'une détemporalisation, c'est-à-dire d'une « dé-constitution »[19] de la temporalisation architectonique au sens kantien[20]. La mélancolie de Kant, au contraire, s'inscrit dans l'Idée criticiste de l'architectonique des schématisations[21].

La mélancolie (de Kant), envisagée comme sentiment de « lassitude » (cf. *supra* ce II), ne serait-elle pas *le* « moment » le plus « originaire [...] de la mise en présence de soi-même »[22], *la* « disposition » (*Befindlichkeit*)[23] par laquelle « jaillit la lumière de vérité »[24] propre à l'homme, soit cette « tonalité affective (*Stimmung*) » en laquelle l'homme « [est] [...] accordé (*Gestimmtsein*) »[25] à ce qui lui est le plus propre, Kant étant, par hypothèse, (mélancoliquement) « accordé » au « caractère de fardeau »[26] de l'existence ?

L'exigence morale n'est-elle pas, chez Kant, un « symptôme » (cf. *infra* ce II) ? Notre devoir est de résister au tempérament mélancolique, de nous maintenir toujours plus intensément en « vie » (« vivre » se concevant, pour Kant, dans

[17] V. Delbos, *in* Kant, *Fondements de la métaphysique des mœurs*, Introduction, Delagrave, Paris, 1980, p. 14.
[18] H. Maldiney, *Penser l'homme et la folie, o.c.*, p. 89 et 88.
[19] J.-P. Charcosset, « Les marges », *in Psychiatrie et existence*, P. Fédida et J. Schotte (Textes réunis par), Millon, Grenoble, 1991, p. 146.
[20] Cf. nos ouvrages depuis *Le problème de l'architectonique dans la philosophie critique de Kant*, L'Harmattan, Paris, 2009, jusqu'à *Le problème kantien de l'éthique, o.c.*
[21] Sur cette architectonique, cf. notre ouvrage *Penser la liberté et le temps avec Kant*, L'Harmattan, Paris, 2014.
[22] Cf. H. Maldiney, *Penser l'homme et la folie, o.c.*, p. 89.
[23] F. Dastur, *Heidegger et la question du logos*, Vrin, Paris, 2007, p. 112.
[24] J. Beaufret, *De l'existentialisme à Heidegger*, Vrin, Paris, 1986, p. 98.
[25] A. Schnell, *De l'existence ouverte au monde fini. Heidegger 1925-1930*, Vrin, Paris, 2005, p. 69.
[26] M. Heidegger, *Être et temps*, trad. F. Vezin, Gallimard, Paris, 1986, p. 178.

un sens moral[27], étant entendu, par ailleurs, que, pour une attitude critique authentique, il ne peut s'agir « simplement de « s'en tirer » et « d'aller de l'avant » peu importe où, peu importe comment »[28]). Or, cette exigence de la raison pratique n'aurait-elle pas « quelque chose de quasi-instinctif » (au sens où J.-J. Rosat soutient que le « tempérament intellectuel », philosophique, a « presque toujours initialement quelque chose de quasi-instinctif »)[29] ? Ne serions-nous pas là sur le chemin de la « vérité » du criticisme de Kant ? Faut-il soutenir que chez Kant, comme en toute pensée, il n'y a « rien d'impersonnel », que sa philosophie « témoigne, d'une façon décisive, de sa nature, c'est-à-dire de l'ordre dans lequel sont placées les tendances intimes de son être », de « ce qu'il est, – c'est-à-dire dans quel rapport se trouvent les instincts les plus intimes de sa nature »[30] ? La morale du devoir, l'Idée de la « vertu » comme de ce qui « nous rend dignes d'être heureux »[31] et, de là, l'« ascétique morale » (ou « éthique »)[32] de Kant ne seraient-elles pas le « masque » derrière lequel Kant cacherait son « [cœur [...] incurablement blessé] »[33] ? Ne convient-il pas d'« être sensible aux leviers invisibles qui gouvernent » l'« [œuvre] » kantienne, leviers desquels participent en quelque manière la nature mélancolique de Kant et la tentation du désespoir qui hante son rationalisme (que l'on songe à l'idée de finir « [englouti] » dans une « vaste tombe »[34])[35] ? Cette œuvre

---

[27] Cf. notre ouvrage *L'institution kantienne de l'humanité*, *o.c.*, p. 39 sq.

[28] N. Kompridis, « De Kant à Foucault. Réorientation de la critique », *o.c.*, p. 639.

[29] J.-J. Rosat, « User de sa raison en philosophie », *in La reconstruction de la raison*, C. Tiercelin (sous la direction de), Collège de France, 2014. [En ligne], http : //www.openedition.org/6540.

[30] Cf. F. Nietzsche, *Par delà le bien et le mal*, trad. H. Albert, Mercure de France, Paris, 1913, p. 9 et 19.

[31] Kant, *CRPr*, AK. V, 110, *o.c.*, p. 231.

[32] Kant, *Métaphysique des mœurs* II, *Doctrine de la vertu*, AK. VI, 484, *o.c.*, p. 363.

[33] F. Nietzsche, *Par delà le bien et le mal*, *o.c.*, § 270, cité par E. Vartzbed, « Quelques considérations cliniques sur la folie de Nietzsche », *Psychothérapies*, 2005/1 (Vol. 25), p. 21.

[34] Kant, *CJ*, AK. V, 452, *o.c.*, p. 451.

[35] Cf. notre ouvrage *Qu'est-ce que la philosophie ? Recherche kantienne*, L'Harmattan, Paris, 2016, p. 73.

serait-elle un « symptôme qui recouvre »[36] une « nature » (cf. *supra* ce II) (« [biologique] », « [psychologique] »[37], « spirituelle »[38]) ? « [S']agit »-il pour cette œuvre de « dire la vérité » d'un « affect »[39] ?

*

Notre lecture n'est pas « symptomale », en ce sens que nous ne reconnaissons pas dans la pensée kantienne un « discours » qui « [trouverait] hors de lui-même son sens et sa vérité »[40]. Le tempérament mélancolique de Kant, dont on a pu dire qu'il l'« [attirait] vers [...] la dépression »[41], n'est pas l'« impensé » qui « [régit] » son « [œuvre] »[42] (nous entendons par « impensé » ce qui apparaîtrait à la faveur d'une « [déconstruction] », le « plan [...] [des] intentions déclarées » de l'auteur étant alors délaissé au profit des « ressorts cachés » du « fonctionnement » de son « discours »[43]). A supposer même que l'on puisse dire de Kant qu'il est « placé sous l'influence d'un certain tempérament intellectuel et passionnel [...] »[44], cette influence est, dans la claire conscience de l'Idée de la « science » transcendantale, « [intégrée] dans l'édifice »[45] de la

---

[36] E. Vartzbed, « Quelques considérations cliniques sur la folie de Nietzsche », *o.c.*, p. 21.

[37] *Ibid.*

[38] La « nature » (cf. *supra* ce II) se manifesterait en quelque manière dans l'« esprit » au sens kantien et dans la philosophie kantienne de l'« esprit » (cf. notre ouvrage *L'institution kantienne de l'humanité*, *o.c.*, p. 39 sq.).

[39] Suivant une expression de B. Comment, *in* R. Barthes, *La préparation du roman*, Avant-propos, Seuil, Paris, 2015.

[40] Cf. A. Renaut, *in* J. Rivelaygue, *Leçons de métaphysique allemande* II, Préface, Grasset, Paris, 1992, p. 9.

[41] P. Sloterdijk, *Tempéraments philosophiques*, trad. O. Mannoni, Pluriel, Paris, 2014.

[42] Cf. A. Renaut, *in* J. Rivelaygue, *Leçons de métaphysique allemande* II, *o.c.*, p. 9.

[43] J.-L. Amalric, *Ricœur, Derrida. L'enjeu de la métaphore*, PUF, Paris, 2006, p. 21.

[44] C. Renouvier, *Essai de classification systématique des doctrines philosophiques* tome 2, Au Bureau de la Critique Philosophique, Paris, 1885-1886, p. 355, cité par J. Bouveresse, *Qu'est-ce qu'un système philosophique ?,* Cours 2007 & 2008, Collège de France, 2012, p. 69. [En ligne], http : //www.openedition.org/6540.

[45] C. Piché, *Kant et ses épigones*, Vrin, Paris, 1995, p. 127.

philosophie critique, à la place qui lui revient architectoniquement dans la « topique transcendantale »[46], soit, pour ce qui concerne le tempérament mélancolique, dans une « Caractéristique anthropologique »[47] (la référence à l'Idée d'une architectonique transcendantale est légitime dans la mesure où, comme l'a montré M. Foucault dans son « Introduction à l'*Anthropologie* de Kant », une telle « Caractéristique » se fonde pleinement dans la Critique[48], « l'Anthropologie ne [disant] rien d'autre que ce que dit la *Critique* », ce que M. Foucault pense comme la « répétition anthropologico-critique »[49]). On peut penser que cette intégration de l'analyse du tempérament mélancolique dans le système kantien, en dehors de sa justification « scientifique », a pour but de « rappeler à tout moment à la raison » le danger que fait peser sur l'existence le tempérament mélancolique, danger ressenti et pensé par Kant (de même que, *mutatis mutandis*, l'intégration, dans la Dialectique transcendantale, de « ces sciences usurpées [...] que sont la psychologie, la cosmologie et la théologie rationnelles » a pour but de « rappeler [...] à la raison la tentation irrépressible qu'exercent sur l'esprit de tels discours »)[50].

Notre lecture de Kant est donc « interne », « recherchant » non pas « hors de l'œuvre », mais dans « l'harmonie interne de ses éléments », « la logique qui la régit »[51].

La « [régression] » (pour reprendre un terme husserlien[52]) critique vers les sources transcendantales (ou analytique transcendantale) est « [scientifique] »[53]. Elle ne peut donc

46 Kant, *CRP*, AK. III, 219/IV, 174, *o.c.*, p. 314.

47 Kant, *Anthropologie du point de vue pragmatique*, AK. VII, 286-288, *o.c.*, p. 224-226.

48 M. Foucault, *in* Kant, *Anthropologie du point de vue pragmatique*, « Introduction à l'*Anthropologie* de Kant », *o.c.*, p. 44.

49 *Ibid.*, p. 52.

50 C. Piché, *Kant et ses épigones*, *o.c.*, p. 127.

51 A. Renaut, *in* J. Rivelaygue, *Leçons de métaphysique allemande* II, *o.c.*, p. 8-9.

52 E. Husserl, *La crise des sciences européennes et la phénoménologie transcendantale*, trad. G. Granel, Gallimard, Paris, 1995, p. 115.

53 Kant, *CRP*, AK. III, 7, *o.c.*, p. 73.

s'opérer selon un « schème » « forgé »[54] sous l'« influence » du tempérament mélancolique et de ses « inclinations »[55], car elle « [correspondrait] » alors à « un simple tâtonnement »[56] empirique (cf. *infra* ce II). A l'exigence « scientifique » du système se substituerait l'« unité technique » d'une « rhapsodie »[57]. Ainsi, l'œuvre métaphysique, en tant que « scientifique », « [présente] toutes ses articulations comme la structure d'une faculté de connaître [...] en sa liaison naturelle »[58]. A ce titre, elle a dû (doit) s'effectuer « à la faveur d'une révolution accomplie d'un seul coup »[59] (nous reviendrons sur le sens de cette « révolution », cf. *infra* ce II).

*

Quel est donc le *sens* de l'entreprise « transcendantale » qui constitue la philosophie critique ?

Il s'agit de se purifier, de se libérer de l'empirique, de l'affect (« l'homme se définit [...] par la raison, en toute sa force (en sa « pureté »), mais [...] elle ne se rencontre jamais en lui que sous la figure d'une « raison affectée » » ; il faut purifier cette raison affectée en tant qu'elle signifie une « raison asservie », la raison affectée n'étant pas nécessairement une « raison asservie », « ce qui renvoie », précise F. Marty, « au « sublime » »[60]), du « pathologique » (être « affecté pathologiquement », c'est-à-dire « par les mobiles de la sensibilité »[61], le pathologique s'opposant à la dimension « pratique » au sens moral (« faire le bien par devoir »)[62]) ; il s'agit de se purifier, « en tant qu'être de libre activité », de ce que la « nature fait » de nous[63], de se poser comme liberté par

[54] *Ibid.*, AK. III, 539, *o.c.*, p. 674.
[55] *Ibid.*, AK. III, 7, *o.c.*, p. 73.
[56] *Ibid.*, AK. III, 538, *o.c.*, p.674.
[57] *Ibid.*
[58] Kant, *Prolégomènes à toute métaphysique future*, AK. IV, 263, *o.c.*, p. 17-18.
[59] Kant, *CRP*, AK. III, 11, *o.c.*, p. 77.
[60] F. Marty, « Raison pure, raison affectée. A propos de l'affectivité chez Kant », *Épokhè* 2, Millon, Grenoble, 1991, p. 9-10.
[61] Kant, *CRP*, AK. III, 363, *o.c.*, p. 496.
[62] Kant, *Métaphysique des mœurs* I, *Fondation*, AK. IV, 399, *o.c.*, p. 68.
[63] Kant, *Anthropologie du point de vue pragmatique*, AK. VII, 119, *o.c.*, p. 83.

opposition à la « nature » (cf. *infra* ce II), de se libérer, entre autres, du « tempérament », lequel est envisagé du « point de vue physiologique » (« on entend, lorsqu'on parle de tempérament, la constitution corporelle (force et faiblesse des solides) et la complexion corporelle (les fluides, l'élément que la force vitale met régulièrement en mouvement dans le corps ainsi que le chaud et le froid qui participent à l'élaboration de ces liqueurs) ») et « psychologique » (est pensé un rapport d'« analogie » entre les « tempéraments de l'âme » et la « qualité du sang », cette dernière « expression » « [servant] [...] à classer les individus selon les effets observés »)[64], et, plus particulièrement, s'agissant de Kant, de se libérer, telle est notre hypothèse, du « tempérament mélancolique » (ou qui « [dispose] à la mélancolie »), tempérament de « celui qui a le sang lourd »[65].

Dans le domaine théorique, la perspective transcendantale signifie que « les facultés sont considérées non en elles-mêmes, mais dans les connaissances *a priori* qu'elles rendent possibles »[66]. Comment définir plus précisément l'essence du transcendantal ? Disons que la « science transcendantale » est un « système de connaissances rationnelles *pures*, à la fois antérieures à l'expérience (*a priori*) *et* indépendantes de celle-ci (non mêlées d'éléments empiriques) »[67] (l'*a priori* peut ne pas être « pur » : « est pur ce qui ne comporte aucune donnée empirique [« [tel] est le cas, dans l'ordre théorique, de l'espace, du temps, des catégories, des principes et des mathématiques »] ; est *a priori* ce qui comporte éventuellement un contenu empirique, mais n'est pas fondé sur lui » ; ainsi, « la catégorie de causalité, représentation de l'unité nécessaire d'un divers qui se succède, est un concept pur ; mais la loi d'inertie [...] traduit la relation de causalité à propos d'un terme qui est une donnée sensible de l'expérience : le mouvement »[68]).

---

[64] *Ibid.*, AK. VII, 286-287, *o.c.*, p. 224.
[65] *Ibid.*, AK. VII, 288, *o.c.*, p. 225.
[66] E. Bréhier, *Histoire de la philosophie* II, PUF, Paris, 1990, p. 461.
[67] M. Lequan, « Y a-t-il une morale transcendantale chez Kant ? », *Revue de métaphysique et de morale*, 2007/1, n° 53, p. 117.
[68] B. Rousset, *La doctrine kantienne de l'objectivité*, Vrin, Paris, 1967, p. 98.

Dans le domaine pratique, on peut entendre par « morale transcendantale au sens large » le « savoir *pur* des principes et concepts fondant l'expérience éthique », savoir *a priori* donc, mais également absolument « pur »[69].

Le transcendantal ne « s'oppose » pas, à proprement parler, « à l'*a priori* »[70], mais il s'en distingue (que l'on songe à ce propos de Kant : « il ne faut pas appeler transcendantale [...] toute connaissance *a priori* »[71]). En tout cas, il « s'oppose [...] à l'empirique », puisqu'il « concerne la forme de la connaissance qui seule peut être *a priori*, et non pas sa matière qui est empirique »[72] : il y a donc une relation intrinsèque, qui n'admet aucune restriction, entre le transcendantal et le pur ; le transcendantal a trait aux conditions pures *a priori* de l'expérience ou de l'action morale (ainsi, la philosophie morale porte non pas sur la volonté, qui « [conserve] une origine empirique » en tant qu'elle est pensée comme « faculté inférieure de désirer »[73], mais sur la « raison pratique pure »[74]) : en cela « consiste le critère du transcendantal au sens propre »[75].

Par là peuvent se distinguer le transcendantal et le « métaphysique », défini ici comme ce qui englobe l'*a priori* non pur, soit l'*a priori* en tant qu'il peut être « mêlé » à « l'expérience »[76]. Ainsi, quand il parle de la « métaphysique » de la nature ou des mœurs, Kant vise « le procédé [...] par lequel nous pensons le rapport de l'universel au particulier »[77], c'est-à-dire, dans le domaine théorique, le rapport de la

---

[69] M. Lequan, « Y a-t-il une morale transcendantale chez Kant ? », *o.c.*, p. 126 et 121.

[70] Cf. R. Verneaux, « La notion kantienne d'analyse transcendantale », *Revue philosophique de Louvain*, Année 1952/tome 50, n° 27, p. 397.

[71] Kant, *CRP*, AK. III, 78/IV, 51, *o.c.*, p. 147, cité par R. Verneaux, *ibid.*, p. 397.

[72] R. Verneaux, « La notion kantienne d'analyse transcendantale », *o.c.*, p. 397 et 396.

[73] M. Lequan, « Y a-t-il une morale transcendantale chez Kant ? », *o.c.*, p. 119.

[74] Kant, *CRPr*, AK. V, 3, *o.c.*, p. 89.

[75] M. Lequan, « Y a-t-il une morale transcendantale chez Kant ? », *o.c.*, p. 115.

[76] *Ibid.*, p. 120.

[77] A. Renaut, *in* Kant, *Métaphysique des mœurs* I, Présentation, *o.c.*, p. 33.

philosophie transcendantale à la « physique »[78] et, dans le domaine pratique, le rapport de la philosophie morale au droit (est alors « [ajouté] » cet « élément [...] minimal », ce « minimum d'empiricité [...] aussi proche que possible du transcendantal » qu'est « la représentation de l'existence des choses et des personnes »[79]) et à la vertu (est alors « [ajouté] » ce « minimum [« d'empiricité »] qu'est « l'existence des penchants inscrits dans les différents sujets »[80]).

Ainsi, la recherche transcendantale peut être envisagée en son sens strict, le « principe transcendantal » étant défini comme le principe « par lequel est représentée la condition universelle *a priori* sous laquelle seulement des choses peuvent devenir des objets de notre connaissance en général »[81] : est alors transcendantale « la connaissance de la possibilité de l'application de l'*a priori* à l'expérience, de sa validité à l'égard de celle-ci et de ses objets »[82] ; il s'agit de « réduire » (cf. *supra* ce II) les phénomènes à leur dimension constituante, c'est-à-dire de « [partir] » d'un « matériau » (empirique) et de « [rechercher] les structures *a priori* » de l'esprit « qui s'imposent nécessairement » comme « conditions législatrices et organisatrices » de ce matériau, ces structures définissant l'« ordre » qui le constitue, « ordre » de la connaissance, de la morale, du « droit »[83], etc. Dans cette perspective, il s'agit pour la « réflexion transcendantale » de « [distinguer] » les « facultés de connaître » et à quelle « faculté de connaître » se rapporte une représentation[84], de purifier les représentations de leur « matière » pour n'en saisir que la « forme »[85], de distinguer le « domaine des concepts de la nature » et celui « du concept de la liberté »[86] et, à l'intérieur du domaine pratique, « la raison

---

[78] Kant, *Opus postumum*, AK. XXI, 407, *o.c.*, p. 3.
[79] A. Renaut, *in* Kant, *Métaphysique des mœurs* I, Présentation, *o.c.*, p. 34-33.
[80] *Ibid.*, p. 34.
[81] Kant, *CJ*, AK. V, 181, *o.c.*, p. 160.
[82] R. Eisler, *Kant-Lexikon*, trad. A.-D. Balmès et P. Osmo, Gallimard, Paris, 1994, p. 1039.
[83] S. Goyard-Fabre, *La philosophie du droit de Kant*, Vrin, Paris, 1996, p. 30.
[84] Kant, *CRP*, AK. III, 215/IV, 169, *o.c.*, p. 310.
[85] *Ibid.*, AK. III, 50/IV, 30, *o.c.*, p. 118.
[86] Kant, *CJ*, AK. V, 174, *o.c.*, p. 153.

empiriquement conditionnée » et la « raison pratique pure »[87] (« pour accéder au rang d'un acteur libre, c'est-à-dire d'un acteur agissant suivant la raison pure à titre d'intelligence nouménale, le Je doit se défaire en lui de tout acte déterminé par la sensibilité, c'est-à-dire se libérer de sa condition de phénomène parmi les phénomènes »[88]), ce qui est possible à la faveur d'une purification de la volonté, c'est-à-dire de sa « réduction » (cf. *supra* ce II) transcendantale à la « forme » en tant qu'elle « suffit à la détermination de l'arbitre » : est ainsi mise au jour la raison « moralement » (et non pas « techniquement ») « pratique », soit la « raison pratique *pure* »[89].

« Par extension, est transcendantal tout ce qui se rapporte à la condition d'une expérience possible, à ce qui est présupposé par l'expérience et qui lui est (logiquement) antérieur »[90], la question étant alors celle du « fondement sur lequel repose la relation de ce que l'on nomme en nous représentation à l'objet »[91], c'est-à-dire celle de l'« objet » : « [comment] l'« en face » (*ob-jectum*, *Gegen-stand*) peut-il avoir un sens ? »[92]. La « question transcendantale »[93] ne porte plus seulement sur les « [formes supérieures] » de la faculté de connaître (la réflexion, en tant que transcendantale, passant de la « synthèse [...] empirique » à la « connaissance »), de la faculté de désirer (la réflexion transcendantale passant de la « synthèse [...] empirique » à la « synthèse pratique »), du « sentiment » (la réflexion transcendantale passant de « l'intérêt empirique » ou « intellectuel » au « jugement pur »,

---

[87] Kant, *CRPr*, AK. V, 15-16, *o.c.*, p. 104.
[88] J.-L. Marion, *Étant donné*, PUF, Paris, 2005, p. 384.
[89] A. Grandjean, « « Volonté pure » et « volonté de volonté ». Critique et métaphysique du vouloir », *Revue de métaphysique et de morale*, 2012/2 (N° 74), p. 185-186.
[90] R. Eisler, *Kant-Lexikon, o.c.*, p. 1039.
[91] Kant, *Lettre à Marcus Herz*, AK. X, 130, trad. A. Philonenko, Vrin, Paris, 1995, p. 132, cité par J. Benoist, *Kant et les limites de la synthèse*, Vrin, Paris, 1996, p. 19.
[92] J. Benoist, *Kant et les limites de la synthèse*, *o.c.*, p. 12.
[93] *Ibid.*

« [désintéressé] »)[94], le « jugement réfléchissant [esthétique] ne se [donnant] libre cours qu'à partir du moment où il peut se libérer du pathos et des attraits de la sensibilité »[95] ; la question transcendantale est alors celle de « l'éclaircissement de la transcendance de la raison finie », c'est-à-dire celle de l'« orientation originelle » par laquelle « l'être fini se pro-pose un domaine d'ouverture à l'intérieur duquel quelque chose pourra lui « correspondre » »[96].

Ainsi, la réflexion transcendantale est un « état de l'esprit » qui nous « [dispose] »[97] à une manière de penser dont nous avons commencé à montrer la dimension purificatrice. Dans le domaine théorique, la « méthode transcendantale » est la « recherche » de l'« objectité », soit de cela même qui « s'approprie l'objet, non pas après coup, mais avant qu'il n'apparaisse comme objet et pour qu'il puisse apparaître comme tel »[98], cette « méthode » dévoilant l'essence de mon être-au-monde. Or, si la « définition critique » de l'« objectité » n'est autre que « l'entrée dans le domaine des principes fondateurs, dans la subjectivité de la Raison »[99] ; si, en outre, l'essence de la raison doit être pensée comme pratique (cf. *infra* ce II), c'est-à-dire si l'Idée de liberté transcendantale peut être pensée comme « fondée » dans l'Idée de liberté au sens moral (« fondation » qu'il faut entendre, chez Kant, sur le mode du jugement réfléchissant), cela signifie que la démarche transcendantale peut être pensée, en sa « fondation » (cf. *supra*), comme pratique : si donc le sens de la démarche transcendantale peut être pensé (sur le mode du jugement réfléchissant) comme moral, la dimension purificatrice de cette

---

[94] G. Deleuze, *La philosophie critique de Kant*, PUF, Paris, 1963, p. 9-10, 12, 68.
[95] J. de Gramont, *Kant et la question de l'affectivité*, Vrin, Paris, 1996, p. 11.
[96] M. Heidegger, *Kant et le problème de la métaphysique*, trad. A. de Waelhens et W. Biemel, Gallimard, Paris, 1981, p. 129.
[97] Kant, *CRP*, AK. III, 214-215/IV, 169, *o.c.*, p. 309-310.
[98] M. Heidegger, *Le principe de raison*, trad. A. Préau, Gallimard, Paris, 1983, p. 177.
[99] *Ibid.*

démarche doit s'entendre elle-même dans un sens moral (cf. *infra* ce II et III).

Soulignons, à ce propos, que la réflexion transcendantale purifie en permanence la transcendantalité elle-même, l'« illusion » (*Illusion*) transcendantale devant se penser comme ce qui « se joue » (« [illusion] », « du latin *ludere*, c'est-à-dire jouer [...] se [jouer] de »)[100] du transcendantal : Kant « repère dans l'appareillage transcendantal lui-même, plus spécialement dans les structures de la raison, la possibilité de l'errance et de l'échec »[101].

Ainsi, la *Critique de la raison pure* « récuse les prétentions de la *pure* raison (théorique) »[102], la dialectique transcendantale consistant à « mettre en évidence [...] l'illusion naturelle et inévitable qui repose [...] sur des principes subjectifs et les fait passer pour objectifs »[103] (par exemple, concernant le « conflit cosmologique de la raison avec elle-même », l'auto-purification du transcendantal en sa réflexion critique se manifeste comme la mise au jour et la « [résolution] »[104] de « l'antithétique [...] toute naturelle [...] où la raison se précipite d'elle-même et de manière inévitable »[105]).

S'agissant de la « raison *pure* [nous soulignons] pratique », qui « réclame une liaison de la vertu et du bonheur »[106] (tel est le sens de l'Idée du souverain Bien[107]), son « illusion interne »[108] consiste à prendre le « sentiment de plaisir » éprouvé lors de l'accomplissement de la loi morale comme une « détermination [...] esthétique [...] de la faculté de désirer » et, à ce titre, comme le « fondement de la

[100] M. Natanson, « L'illusion : aliénation ou chemin vers l'espérance ? », *Imaginaire & Inconscient*, 2006/1, n° 17, p. 135.

[101] M. Fœssel, « Les Temps modernes et le tournant transcendantal. Blumenberg, Kant et la question du monde », *Revue de métaphysique et de morale*, 2012/1 (n° 73), p. 107.

[102] O. Höffe, *Introduction à la philosophie pratique de Kant*, *o.c.*, p. 55.

[103] Kant, *CRP*, AK. III, 237/IV, 190-191, *o.c.*, p. 332.

[104] *Ibid.*, AK. III, 342 et 354, *o.c.*, p. 474 et 486.

[105] *Ibid.*, AK. III, 282, *o.c.*, p. 417.

[106] G. Deleuze, *La philosophie critique de Kant*, *o.c.*, p. 55.

[107] Kant, *CRPr*, AK. V, 113, *o.c.*, p. 235.

[108] G. Deleuze, *La philosophie critique de Kant*, *o.c.*, p. 55.

détermination de l'action »[109], autrement dit à « prendre l'effet nécessaire, à savoir la satisfaction prise à l'action déterminée par la loi morale, pour la cause de la détermination de la volonté »[110], cause qui est, en vérité, purement pratique. La réflexion transcendantale pratique établit que le fait, pour nous, d'être « immédiatement déterminés à des actions par une loi pure de la raison » est « sublime »[111] et que le sentiment d'accomplir son devoir moral s'articule au « respect »[112] (lequel, étant « [fondé] » dans la « détermination [pratique] de la volonté »[113], n'est pas « un sentiment sensible » et ne doit donc pas être « [confondu] » avec le « bonheur », pas plus que ne doit l'être le sentiment de l'accomplissement du devoir dont il est ici question, « confusion inévitable » sur laquelle « repose [...] [l']antinomie »[114] de la raison pratique pure), mais « n'est pas » le « respect »[115], le sentiment « sublime » de l'action faite par devoir étant le sentiment de la « liberté »[116] pratique au sens moral, sentiment purement rationnel, c'est-à-dire non sensible, que Kant nomme le « contentement de soi-même » (*Selbstzufriedenheit*)[117] (cf. *infra* ce II).

Qu'en est-il, à présent, des dialectiques de la faculté de juger réfléchissante ?

La critique de la faculté de juger téléologique met au jour la « dialectique » à laquelle « la raison, à l'intérieur du domaine du jugement réfléchissant, [...] se [laisse] entraîner », lorsqu'elle « [veut] conférer à ses maximes ou à ses principes régulateurs une objectivité apodictique », « [dépassant] » ainsi « sa condition qui est l'héautonomie », soit le pouvoir de « se prescrire des maximes pour son investigation »[118]. La critique de la faculté de juger esthétique, quant à elle, est l'œuvre d'une

---

[109] Kant, *CRPr*, AK. V, 116, *o.c.*, p. 239.
[110] J.-P. Fussler, *in* Kant, *CRPr*, *o.c.*, note 382, p. 399.
[111] Kant, *CRPr*, AK. V, 117, *o.c.*, p. 239-240.
[112] *Ibid.*, p. 240.
[113] *Ibid.*, p. 239.
[114] G. Deleuze, *La philosophie critique de Kant*, *o.c.*, p. 55-56.
[115] J.-P. Fussler, *in* Kant, *CRPr*, *o.c.*, note 386, p. 400.
[116] *Ibid.*, note 383, p. 399.
[117] Kant, *CRPr*, AK. V, 117, *o.c.*, p. 240.
[118] A. Philonenko, *Études kantiennes*, Vrin, Paris, 1982, p. 138.

raison capable à la fois de penser un jugement esthétique « se phénoménalisant »[119] en toute liberté par rapport à des « concepts objectifs », à des « [concepts] d'entendement »[120], et d'établir la possibilité même de la pensée en tant qu'elle se fonde dans l'Idée du sens commun comme « concept indéterminé », Idée du « substrat suprasensible des phénomènes »[121] : la « solution de l'antinomie du goût »[122] consiste alors à montrer que la thèse selon laquelle il est impossible de « disputer » du jugement de goût (c'est-à-dire d'en « décider par des preuves ») et l'antithèse selon laquelle il est possible d'en « discuter » (de « prétendre à l'assentiment nécessaire d'autrui à ce jugement »[123]) se révèlent être « [vraies] » à la lumière d'une analyse réflexive transcendantale, celle-là même qui distingue les deux « sens » du mot « concept »[124] (cf. *supra* ce II).

Ainsi, la raison pure ne cesse, par la critique, de se purifier, de réinstituer la distinction du « sensible » et du « suprasensible », « les antinomies nous [forçant] [...] à regarder au-delà du sensible et à chercher dans le suprasensible le point de convergence de tous nos pouvoirs *a priori* » : telle est la seule « issue pour mettre la raison en accord avec elle-même »[125], c'est-à-dire pour instituer la pensée comme Idée du sens commun (cf. la troisième maxime du sens commun[126]).

Qu'en est-il donc de cette « démarche » réfléchissante, qui consiste à s'élever, dans la résolution de l'antinomie du jugement de goût, vers l'Idée du suprasensible, démarche qui est déjà à l'œuvre dans la « résolution des antinomies de la raison pure théorique » et qui peut être reconnue dans l'entreprise transcendantale pratique[127] ?

---

119 M. Richir, « L'origine phénoménologique de la pensée », *La liberté de l'esprit*, n° 7, Balland, Paris, 1984, p. 74.
120 Kant, *CJ*, AK. V, 338-339, *o.c.*, p. 326-327.
121 *Ibid.*, AK. V, 340-341, *o.c.*, p. 329.
122 *Ibid.*, AK. V, 339, *o.c.*, p. 327.
123 *Ibid.*
124 *Ibid.*, AK. V, 341 et 339, *o.c.*, p. 329 et 327.
125 *Ibid.*, AK. V, 341, *o.c.*, p. 329.
126 *Ibid.*, AK. V, 294, *o.c.*, p. 279.
127 Kant, *CJ*, AK. V, 341, *o.c.*, p. 329.

Le « concept du suprasensible comme concept transcendantal de raison qui se trouve au fondement de toute intuition [esthétique] et qui ne peut donc être davantage déterminé dans le registre théorique »[128], ce concept rationnel, indéterminé, fonde le jugement réfléchissant esthétique. Or, si le « jugement réfléchissant manifeste et libère un fond qui restait caché dans [...] [le jugement déterminant] », c'est-à-dire si « tout accord déterminé des facultés [...] suppose l'existence et la possibilité d'un accord libre indéterminé »[129], la critique de la faculté de juger peut être reconnue comme ce qui met au jour la fondation, sur le mode du jugement réfléchissant, de l'unité des deux premières Critiques (cf. *infra* III) et comme ce qui révèle l'essence de la pensée critique : la réflexion transcendantale se fonde dans le mouvement réfléchissant vers l'Idée d'un « sens commun ». Ainsi, la purification transcendantale, réinstituée à chaque instant, est comme une ascèse (*Ascetik*[130]) au cours de laquelle l'esprit (*Gemüt*), cheminant vers la vérité de ses pouvoirs (*Vermögen*[131]), accède à une Idée toujours plus pure de son humanité, à une compréhension toujours plus pensante de l'Idée du « substrat suprasensible de l'humanité »[132]. La raison, dans la critique de la faculté de juger esthétique, s'élève à la conscience de ce que signifie « penser en accord avec »[133] l'Idée, sublime, de « l'origine transcendantale de l'humanité »[134]. Par là, elle pense la fondation transcendantale des « principes » mêmes de la « critique »[135] : en montrant la possibilité de « discuter » (cf. *supra* ce II) des jugements de goût, la raison, élevée à la claire conscience (transcendantale) d'elle-même, pense la « possibilité de la communication avec autrui » et les « principes » de la « pensée rationnelle », soit la « fondation du

---

[128] *Ibid.*, AK. V, 339, *o.c.*, p. 327.

[129] G. Deleuze, *La philosophie critique de Kant*, *o.c.*, p. 87.

[130] Kant, *Métaphysique des mœurs* II, *Doctrine de la vertu*, AK. VI, 484.

[131] Kant, *CJ*, AK. V, 197.

[132] *Ibid.*, AK. V, 340, *o.c.*, p. 328.

[133] *Ibid.*, AK. V, 294, *o.c.*, p. 279.

[134] M. Richir, « L'origine phénoménologique de la pensée », *o.c.*, p. 72.

[135] Kant, *CJ*, AK. V, 337, *o.c.*, p. 325.

pouvoir de critiquer » (elle pense sa propre « possibilité » en tant que « raison », donc la « possibilité de la Critique elle-même »)[136].

La réflexion transcendantale n'est donc pas seulement purificatrice en tant qu'elle « [vise] à séparer l'élément empirique de l'élément rationnel »[137] et en tant qu'elle « [développe] une saine thérapeutique délivrant la raison de ces pénibles oppositions »[138] que sont les « antinomies de la raison pure » (« pour le pouvoir de connaître », « pour le sentiment de plaisir et de peine » et « pour le pouvoir de désirer »)[139]. Elle doit s'apprécier, plus originairement, comme une démarche de purification du sujet philosophant et, à travers lui, de l'être humain. Il s'agit de *se* purifier soi-même, ce qui est une tâche incessante : instituer « la discipline critique, qui fait appel à la maîtrise de soi d'une raison par trop portée à la précipitation »[140], lutter sans relâche contre les illusions immanentes aux « pouvoirs de l'esprit »[141] envisagés dans leur dimension transcendantale. La raison pure n'en a jamais fini de se purifier, c'est-à-dire de se rapporter, dans une claire conscience de la transcendantalité critique, à ses Idées théoriques, à l'Idée pratique, ainsi qu'aux « principes » de la « critique » de la faculté de juger[142]. La « rigueur [*Strenge*] de la critique »[143], tel un rigorisme moral, n'en aura jamais fini de s'exercer contre l'illusion qui se joue de la raison pure, « le pouvoir de l'illusion », dirions-nous, « n'[étant] pas un simple égarement de la pensée, mais un jeu dans l'être même »[144], entendons par là l'« être » (transcendantal) de la raison pure (que ce pouvoir « [ait] une portée ontologique »[145], qu'il soit un « jeu dans

---

[136] A. Philonenko, *Le transcendantal et la pensée moderne*, PUF, Paris, 1990, p. 230, 228 et 231.
[137] Kant, *CRPr*, AK. V, 163, o.c., p. 297.
[138] A. Philonenko, *Le transcendantal et la pensée moderne*, *o.c.*, p. 215.
[139] Kant, *CJ*, AK. V, 344-345, *o.c.*, p. 332-333.
[140] C. Piché, *Kant et ses épigones*, Vrin, Paris, 1995, p. 128.
[141] Kant, *CJ*, AK. V, 197, *o.c.*, p. 177.
[142] *Ibid.*, AK. V, 337, *o.c.*, p. 325.
[143] Kant, *CRP*, AK. III, 276, *o.c.*, p. 411.
[144] E. Lévinas, *Totalité et infini*, Le Livre de Poche, Paris, 2001, p. 268.
[145] *Ibid.*

l'être » (cf. *supra*) de la pensée, cela justifie l'incessante purification à laquelle œuvre le transcendantalisme critique). Ainsi, le transcendantal se joue, dans l'acte même de la pensée critique, de sa propre illusion.

La pureté transcendantale (n')est certes (qu')une Idée, mais cet idéal moral peut seul sauver la pensée, donc l'humanité, de l'« arrogance dogmatique » ou du « désespoir sceptique »[146] (cf. *supra* I).

*

Si le tempérament mélancolique dispose à la « lassitude », au « dégoût (*Überdruß*) de la vie »[147], au « désespoir (*Hoffnungslosigkeit*) »[148], il dispose également au « sentiment [...] de la dignité de la nature humaine »[149] et à l'attachement aux « principes »[150]. Que penser donc de la thèse de M. David-Ménard selon laquelle le tempérament mélancolique « constitue la préparation empirique de la philosophie transcendantale de la volonté », le « rapport » étant ainsi établi entre le « formalisme de la volonté » et « l'expérience – qui était [...] [celle de Kant] – du dégoût de la vie » (le « mélancolique » a cette « particularité » de « ne [tenir] que par les principes »)[151] ? Kant « [partirait] », dans sa philosophie morale, d'un « matériel empirique », la « référence » à cette « base empirique » « [n'ayant] pas été [gommée] de l'édifice achevé de la morale kantienne » (« [la] philosophie de la volonté reprendra l'exemple de la lassitude de l'existence comme celui qui est apte à faire saisir comment un homme peut vivre par devoir »[152] ; la mélancolie, pour Kant, peut « [vaincre] » la « tentation du suicide [...] seulement par le devoir de conserver sa vie »[153]).

---

[146] Kant, *CRP*, AK. III, 282, *o.c.*, p. 417.
[147] Kant, *Métaphysique des mœurs* I, *Fondation*, AK. IV, 421, *o.c.*, p. 98.
[148] *Ibid.*
[149] Kant, *Observations sur le sentiment du beau et du sublime*, AK. II, 221, trad. M. David-Ménard, GF Flammarion, Paris, 1990, p. 106.
[150] *Ibid.*, p. 105.
[151] M. David-Ménard, *La folie dans la raison pure*, *o.c.*, p. 196-197 et 194.
[152] *Ibid.*, p. 193.
[153] *Ibid.*, p. 194. Cf. Kant, *Métaphysique des mœurs* I, *Fondation*, AK. IV, 429, *o.c.*, p. 108-109.

Le tempérament mélancolique a certes un « privilège »[154] en ce sens qu'il incline à l'amour des « principes » (« les motifs acquièrent en lui [le mélancolique] la nature des principes »)[155] ; on peut, dès lors, souligner sa « vocation à la moralité »[156]. Par là, ce tempérament nous dispose au sentiment sublime (« L'amitié est sublime, et donc dans le ton de son sentiment [...] La véracité est sublime, il [« l'homme de tempérament mélancolique »] hait le mensonge et la dissimulation »[157]). Il semble donc que la mélancolie, par sa capacité de se « [vider] de sa réalité », c'est-à-dire de tendre à l'« absence d'affect » (ce qui évoque la « froideur de l'homme à principes »)[158], « s'[accorde] avec »[159] l'ascèse de la volonté pratique pure, elle qui « se fonde sur l'horreur qu'éprouve une âme, resserrée dans certaines bornes, lorsque, pleine de grands projets, elle aperçoit les dangers qu'elle doit surmonter et garde les yeux tournés vers la difficile mais grande victoire qui consiste à se vaincre soi-même »[160].

Pourtant, si le tempérament (mélancolique) « se [présente] comme [...] [antérieur] à tout acte libre »[161], c'est-à-dire comme « naturel » (cf. *infra* ce II), comment pourrait-il nous pousser vers le bien (cf. *supra* ce II) ou le mal (le « dégoût de la vie » (cf. *supra* ce II) va, en vérité, à l'encontre de notre devoir moral, cf. *infra* ce II) ? En effet, le « bon » et le « mauvais moralement » ne sauraient être fondés que sur un « acte de liberté »[162]. Si le « fondement » du bien et du mal pouvait « se trouver », non dans une « maxime », mais dans un

---

154 M. David-Ménard, *La folie dans la raison pure*, *o.c.*, p. 192.
155 Kant, *Observations sur le sentiment du beau et du sublime*, AK. II, 221, *o.c.*, p. 106.
156 M. David-Ménard, *La folie dans la raison pure*, *o.c.*, p. 192.
157 Kant, *Observations sur le sentiment du beau et du sublime*, AK. II, 221, *o.c.*, p. 106.
158 M. David-Ménard, *La folie dans la raison pure*, *o.c.*, p. 195.
159 Kant, *Observations sur le sentiment du beau et du sublime*, AK. II, 219, *o.c.*, p. 102.
160 *Ibid.*, AK. II, 219, *o.c.*, p. 101-102.
161 Cf. J. Rivelaygue, *Leçons de métaphysique allemande* II, *o.c.*, p. 307.
162 Kant, *La religion dans les limites de la simple raison*, AK. VI, 20-21, trad. J. Gibelin, révisée par M. Naar, Vrin, Paris, 2010, p. 85.

« penchant naturel », « l'usage de la liberté pourrait [...] se ramener entièrement à une détermination par des causes naturelles : ce qui est en contradiction avec elle »[163]. Or, si le tempérament n'est pas reconnu, dans l'*Anthropologie du point de vue pragmatique*, comme une « disposition de la nature », mais comme un « type de sensibilité »[164] (laquelle est « [opposée] », dans la Critique, à la « raison pure »[165], donc à la raison pure pratique, puisqu'il « ne saurait [...] y avoir qu'une seule et même raison »[166], cf. *infra* III), Kant soutient qu'il « se fonde » néanmoins « sur une disposition de nature »[167]. Ainsi, à supposer même que le tempérament mélancolique soit envisagé comme « impulsion au bien pratique », celle-ci « [s'exerce] hors des principes », suivant les seuls « mobiles de la sensibilité »[168].

Le tempérament mélancolique n'est donc pas en lui-même sublime[169] (cf. *infra* III), ni moral : il n'est pas la « base empirique » sur laquelle « s'édifie » le « formalisme de la volonté »[170]. La philosophie transcendantale pratique ressortit à la seule rationalité[171] (cf. *infra* ce II).

On peut même dire du tempérament mélancolique qu'il « [asservit] » (cf. *supra* ce II) la raison : le « mélancolique [...] est délirant [*wahnsinnig*] du point de vue de ses supputations tristes et maladives », c'est un « homme chagrin »[172] ; or, rien n'est plus contraire à l'exigence de l'« ascétique éthique »[173] (cf. *infra* ce II) (rappelons que le « délire » (*Wahnsinn*) est une « forme de folie [*Verrückung*] méthodique », la deuxième

---

[163] *Ibid.*, AK. VI, 21, *o.c.*, p. 85-86.
[164] Kant, *Anthropologie du point de vue pragmatique*, AK. VII, 285, *o.c.*, p. 223.
[165] Kant, *CRP*, AK. III, 540, *o.c.*, p. 676.
[166] Kant, *Métaphysique des mœurs* I, *Fondation*, AK. IV, 391, *o.c.*, p. 57.
[167] Kant, *Anthropologie du point de vue pragmatique*, AK. VII, 286, *o.c.*, p. 224.
[168] *Ibid.*, p. 223-224.
[169] Cf. notre ouvrage *L'institution kantienne de l'humanité*, *o.c.*, p. 51-53.
[170] M. David-Ménard, *La folie dans la raison pure*, *o.c.*, p. 194.
[171] Cf. notre ouvrage *L'institution kantienne de l'humanité*, *o.c.*, p. 53-54.
[172] Kant, *Essai sur les maladies de la tête*, AK. II, 268, trad. M. David-Ménard, GF Flammarion, Paris, 1990, p. 68.
[173] Kant, *Métaphysique des mœurs* II, *Doctrine de la vertu*, AK. VI, 484, *o.c.*, p. 363.

« forme de folie » dans la « division systématique » des « maladies de l'esprit »[174]).

La philosophie critique est une « saine » et « juste thérapeutique »[175], elle est une ascèse que doit fonder une « révolution » de la pensée (« révolution » que représente la « façon de penser » (*Denkart*)[176] transcendantale), soit, en vérité, l'Idée d'une révolution morale (au sens de la « révolution dans l'intention de l'homme »[177], cf. *infra* ce II). Cette ascèse se réinstitue sans cesse en tant que fondation d'un « caractère » (au sens de « cette propriété de la volonté par laquelle le sujet se lie lui-même à des principes pratiques déterminés qu'il s'est indéfectiblement prescrits à lui-même par le moyen de sa propre raison »[178]), caractère que Kant oppose à la dimension « pathologique » (cf. *supra* ce II) qui constitue l'« émotion » et la « passion »[179], et qu'il distingue du tempérament dans sa « Caractéristique anthropologique », deuxième partie de l'*Anthropologie du point de vue pragmatique* (cf. *supra* ce II). Le tempérament mélancolique, pour nous disposer au « formalisme » des « principes »[180] (moraux), n'en représente pas moins un risque existentiel en tant qu'il nous inspire cette lassitude (cf. *supra* ce II) qui est l'ennemie du « courage » (*Mut*)[181], de la « joie » (*Frohsinn*)[182] et du « contentement de soi-même » (*Selbstzufriedenheit*)[183] (cf. *supra* et *infra* ce II). La philosophie critique est donc l'exigence incessante d'une conversion : si la raison pure est toujours affectée

---

[174] Kant, *Anthropologie du point de vue pragmatique*, AK. VII, 215, 214 et 212, *o.c.*, p. 163-164 et 161.

[175] A. Philonenko, *Le transcendantal et la pensée moderne*, *o.c.*, p. 215.

[176] Kant, *CRP*, AK. III, 9, *o.c.*, p. 75.

[177] Kant, *La religion dans les limites de la simple raison*, AK. VI, 47, trad. J. Gibelin, révisée par M. Naar, Vrin, Paris, 2010, p. 118.

[178] Kant, *Anthropologie du point de vue pragmatique*, AK. VII, 292, *o.c.*, p. 228.

[179] *Ibid.*, AK. VII, 251 sq., *o.c.*, p. 195 sq.

[180] M. David-Ménard, *La folie dans la raison pure*, *o.c.*, p. 194-195.

[181] Kant, *Anthropologie du point de vue pragmatique*, AK. VII, 257, *o.c.*, p. 200.

[182] Kant, *Métaphysique des mœurs* II, *Doctrine de la vertu*, AK. VI, 485, *o.c.*, p. 364.

[183] Kant, *CRPr*, AK. V, 212, *o.c.*, p. 240.

(« pathologiquement », cf. *supra* ce II), elle doit s'abstraire « dès maintenant »[184] et « tout d'un coup » de cet affect, au sens de la « décision » (*Entschließung*) qui fonde la « vertu »[185]. La Critique doit être reconnue comme étant en « conflit »[186] avec les « forces »[187] qui, en l'homme, combattent la « liberté » (au sens moral) et la « vie » (cf. *supra* introduction, *infra* ce II et III). La « [maîtrise] de soi-même » (« dans un cas donné ») et « l'empire sur soi-même » (« discipliner ses affects et dominer ses passions ») comme actes de la « liberté »[188] sont des « [puissances] » en tant qu'elles « [manifestent] [leur] supériorité [...] vis-à-vis de la résistance émanant » des « [forces] »[189] « pathologiques » (au sens kantien, cf. *supra* ce II), ainsi que des forces de la maladie physique ou mentale, voire de l'*Ungeheuer*[190].

Ce combat de tous les instants, qui est celui de la vitalité proprement humaine, orientée tout entière vers notre « destination complète »[191], se traduit philosophiquement par une pensée du devoir, qui, en son principe, est un « formalisme transcendantal »[192], un « rigorisme »[193] moral.

*

La « volonté » (*Wille*) est définie transcendantalement comme « volonté d'un être raisonnable », soit comme « raison pratique », laquelle « doit [...] se considérer elle-même comme l'auteur de ses principes »[194]. Elle est le pouvoir d'une liberté,

---

[184] Kant, *Métaphysique des mœurs* II, *Doctrine de la vertu*, AK. VI, 380, *o.c.*, p. 218.

[185] *Ibid.*, AK. VI, 477, *o.c.*, p. 354.

[186] *Ibid.*, p. 353.

[187] Kant, *CJ*, AK. V, 260, *o.c.*, p. 242.

[188] Kant, *Métaphysique des mœurs* II, *Doctrine de la vertu*, AK. VI, 407, *o.c.*, p. 254.

[189] Kant, *CJ*, AK. V, 260, *o.c.*, p. 242.

[190] *Ibid.*, AK. V, 253.

[191] Kant, *CRP*, AK. III, 543, *o.c.*, p. 679.

[192] P. Hassner, « Les concepts de guerre et de paix chez Kant », *Revue française de science politique*, Année 1961, 3, p. 644.

[193] C. Piché, « La méthodologie éthique de Kant », *in L'année 1797. Kant. La métaphysique des mœurs*, S. Goyard-Fabre et J. Ferrari (sous la direction de), Vrin, 2000, p. 120.

[194] Kant, *Métaphysique des mœurs* I, *Fondation*, AK. IV, 448, *o.c.*, p. 134.

soit d'une « raison pratique par elle-même comme raison pure »[195] ; elle est une « volonté qui se veut elle-même purement », qui est « en accord avec soi, avec son essence pure », c'est-à-dire qui « ne peut faire autrement que [...] [d']être bonne »[196]. Nous saisissons ici la « vérité du formalisme, qui désigne le pouvoir inouï d'une volonté qui peut déterminer l'arbitre par sa propre essence »[197]. Purifiée de toute « matière », soit des « conditions empiriques (c'est-à-dire appartenant au monde des sens) »[198], libérée de tout « objet désiré »[199], la volonté pratique (au sens moral) « n'a d'autre motif que sa rationalité »[200]. Que la « volonté » soit « pure », cela signifie qu'elle se donne à elle-même sa loi, laquelle, en tant qu'elle « doit être indépendante de toute matière du vouloir », ne peut avoir d'autre « contenu [...] que la seule forme de la légalité même »[201]. Ce qui est visé ici, c'est le pouvoir pratique d'une « forme législatrice »[202], « forme » qui est « constitutive de l'aptitude des maximes de l'arbitre à devenir une loi universelle »[203].

Le problème, c'est que la volonté pratique pure de l'être humain comme « être raisonnable fini »[204] ne peut « [suivre] infailliblement son essence », elle n'est pas une « volonté bonne parfaite », une « volonté sainte, divine » ; « [pouvant] être et [étant] déterminée par d'autres mobiles » que son « essence pure », sa « pure législation [...] revêt le caractère de

---

195 A. Grandjean, « « Volonté pure » et « volonté de volonté ». Critique et métaphysique du vouloir », *Revue de métaphysique et de morale* 2012/2 (N° 74), p. 187.

196 M. Heidegger, *De l'essence de la liberté humaine*, trad. E. Martineau, Gallimard, Paris, 1987, p. 259.

197 A. Grandjean, « « Volonté pure » et « volonté de volonté ». Critique et métaphysique du vouloir », *o.c.*, p. 188.

198 Kant, *CRPr*, AK. V, 29, *o.c.*, p. 124.

199 *Ibid.*, AK. V, 33, *o.c.*, p. 130.

200 A. Grandjean, « « Volonté pure » et « volonté de volonté ». Critique et métaphysique du vouloir », *o.c.*, p. 188.

201 *Ibid.*

202 Kant, *CRPr*, AK. V, 29, *o.c.*, p. 124.

203 Kant, *Métaphysique des mœurs* I, *Introduction*, AK. VI, 214, *o.c.*, p. 162.

204 A. Grandjean, « « Volonté pure » et « volonté de volonté ». Critique et métaphysique du vouloir », *o.c.*, p. 191.

l'obligation, du commandement, de l'impératif »[205]. La « volonté pure » (comme « volonté de volonté »)[206] est hantée, chez Kant, par la mélancolie qui incline à la fois au « devoir »[207] (cf. *supra* ce II) (la « forme d'un commandement est « tu dois » »[208]) et au désespoir (cf. *supra* ce II). Or, comment la « volonté d'un être » qui n'est pas « absolument parfait »[209], c'est-à-dire une volonté qui n'est pas sainte, ne constituant pas, à titre de membre, une « cité éthique sous la législation morale de Dieu », soit une « Église invisible (simple Idée de l'union de tous les hommes droits sous le gouvernement divin universel, immédiat et moral [...]) »[210], comment donc la volonté pure d'une finitude peut-elle être pratique ?

C'est un fait qu'« il est très difficile, lorsqu'on se trouve au point précis où l'affect va faire éruption, de lui opposer une résistance »[211]. « Très difficile » certes, mais notre « devoir » est ici celui du « vouloir pur » : ce que la « moralité de l'agir [...] exige, c'est que je veuille réellement, c'est-à-dire que je me décide, que je veuille dans la décision, c'est-à-dire encore que je prenne la responsabilité sur moi et devienne, en l'assumant ainsi, un existant »[212]. L'« éthique édifiée sur [...] [la] loi morale formelle »[213] est une éthique de la « résolution »[214], celle

205 M. Heidegger, *De l'essence de la liberté humaine*, *o.c.*, p. 259.

206 M. Heidegger, *Essais et conférences*, trad. A. Préau, « Dépassement de la métaphysique » (notes de 1936-1946), Gallimard, Paris, 1958, p. 102, cité par A. Grandjean, « « Volonté pure » et « volonté de volonté ». Critique et métaphysique du vouloir », *o.c.*, p. 183.

207 Kant, *CRPr*, AK. V, 80, *o.c.*, p. 191.

208 M. Heidegger, *De l'essence de la liberté humaine*, *o.c.*, p. 259.

209 Kant, *CRPr*, AK. V, 82, *o.c.*, p. 193.

210 Kant, *La religion dans les limites de la simple raison*, AK. VI, 101, *o.c.*, p. 182.

211 Kant, *Leçons d'anthropologie* 1781-1782, AK. XXV, 2, 1119, cité et traduit par Y.-J. Harder, « Kant : les émotions d'un point de vue pragmatique », *in Les émotions*, S. Roux (sous la direction de), Vrin, Paris, 2009, p. 184.

212 M. Heidegger, *De l'essence de la liberté humaine*, *o.c.*, p. 259-258.

213 *Ibid.*, p. 258.

214 A. Grandjean, « « Volonté pure » et « volonté de volonté ». Critique et métaphysique du vouloir », *o.c.*, p. 188.

d'un formalisme qui n'est pas « vide »[215], mais qui se manifeste comme « volonté de volonté » (cf. *supra* ce II), soit volonté d'exister comme sujet moral. Ce formalisme de la volonté, en tant qu'il est confronté à la « sensibilité »[216] et, selon notre hypothèse, à la tentation incessante du découragement, du désespoir, doit s'interpréter non comme « simple vouloir de la volonté » (au sens où « la loi est son propre vouloir »), mais, selon ce qui précède, comme « commandement », « impératif », c'est-à-dire que la loi morale est alors « le *devoir* [nous soulignons] du vouloir pur »[217].

*

L'impératif est de faire surgir chaque instant de notre vie d'un acte de liberté au sens moral (Idée d'un acte émanant de notre « caractère intelligible »[218]). « Par la loi morale, je m'ouvre à l'intemporel, je me libère de la tyrannie du temps. Le devoir seul permet de sortir de la caverne [...] » ; il rend possible la « résistance [...] que j'oppose à la sensibilité en moi [...] S'arracher à la sensibilité, à la nature, c'est [...] s'arracher à la tyrannie du temps, autrement dit à celle du passé, de l'irrémédiable »[219]. Quand nous parlons de la « décision » (cf. *supra* ce II) d'exister comme sujet du devoir, le terme « sujet » doit s'entendre à la fois comme « *subjectus* sous l'Infini, quand il [le « sujet »] est placé [...] devant [...] [le] *Faktum* de la loi »[220], et comme sujet résolu à exister à la lumière d'une loi qu'il se donne à lui-même, loi qui est, par ailleurs, toujours déjà « donnée avec la raison »[221] (cf. *infra* III).

---

[215] M. Heidegger, *De l'essence de la liberté humaine*, *o.c.*, p. 258.
[216] *Ibid.*, p. 259.
[217] *Ibid.*
[218] Kant, *CRP*, AK. III, 367, *o.c.*, p. 499.
[219] A. Boyer, *Hors du temps. Un essai sur Kant*, Vrin, Paris, 2001, p. 286.
[220] O. Dekens, « Initiation à la vie malheureuse. De l'impossibilité du pardon chez Kant et Kierkegaard », *Revue philosophique de Louvain*, Quatrième série, tome 96, n° 4, 1998, p. 581.
[221] Kant, *CRPr*, AK. V, 66, *o.c.*, p. 172.

Chez Kant, l'« instant » (*Augenblick*), qui s'articule toujours au « point du temps » (*Zeitpunkt*)[222], est jaillissement du temps. Le temps surgit comme acte de liberté, ce que nous avons commencé à montrer ailleurs[223]. L'architectonique des schématismes se fonde, selon notre hypothèse, dans une temporalité intelligible d'essence pratique, cette temporalité devant se concevoir non pas comme *duratio noumenon* au sens d'« éternité »[224] (« [relativement] » à laquelle « il n'y a ni avant ni après »[225]), mais comme un « temps intelligible » « nécessaire si l'on veut comprendre le mouvement élémentaire de la conversion qui suppose un avant et un après »[226]. Que ce temps intelligible soit « hors du temps »[227] au sens du temps de la nature (« le temps » que « je produis [...] dans l'appréhension de l'intuition », le « schème pur de la grandeur » qu'est le « nombre » « [contenant] et [rendant] représentable [...] la production [...] du temps [...] dans l'appréhension successive d'un objet »[228]), cela ne signifie pas qu'il soit sans avant ni après : il est « bien [...] une durée, une temporalité spécifique, celle, justement, du temps pratique, de la liberté dans sa conversion et sa progression infinie vers la perfection morale »[229] (que l'on songe, s'agissant du problème de la progression morale, au passage de la deuxième *Critique* faisant référence à une « perspective ouvrant sur un ordre de choses plus élevé et immuable, dans lequel nous sommes dès à présent, et dans lequel nous pouvons désormais être engagés par des préceptes déterminés à *poursuivre* [nous soulignons] notre

---

[222] Kant, *La fin de toutes choses*, AK. VIII, 328, trad. F. Proust, GF Flammarion, Paris, 1994, p. 108.
[223] Cf. nos ouvrages *Penser la liberté et le temps avec Kant*, *o.c.*, p. 124-130, et *L'institution kantienne de l'humanité*, *o.c.*, p. 45.
[224] Kant, *La fin de toutes choses*, AK. VIII, 327, *o.c.*, p. 107.
[225] Kant, *CRP*, AK. III, 374, *o.c.*, p. 507.
[226] A. Philonenko, *in* Kant, *Fondements de la métaphysique des mœurs*, Introduction, Vrin, Paris, 2004, p. 54.
[227] A. Boyer, *Hors du temps*, *o.c.*, p. 189.
[228] Kant, *CRP*, AK. III, 137-138/IV, 102-103, *o.c.*, p. 227-228.
[229] C. Bouton, *Temps et liberté*, Presses Universitaires du Mirail, Toulouse, 2007, p. 95.

existence conformément à la destination suprême que détermine la raison »[230]).

Que nous soyons « dès à présent »[231] dans le « temps » pratique, cela ne montre-t-il pas que ce « temps » est le foyer le plus originaire du temps de la pensée ? La pensée, comme « praxis », « concerne » certes, comme le souligne F. Pierobon, la « volonté de savoir », mais, en tant que « volonté », elle « appartient », selon nous, *essentiellement* « au domaine de la raison pratique »[232]. L'Idée de la métaphysique « scientifique » se fonde, en effet, dans l'Idée d'un « [désenveloppement] » nécessaire du « germe originaire » de la raison[233]. Or, « il ne saurait y avoir qu'une seule et même raison », l'Idée d'un « principe commun » à la raison théorique et à la raison pratique s'articulant, sur le mode du jugement réfléchissant, à celle du « principe suprême de la moralité »[234]. Ainsi, l'être de l'homme étant, en sa vérité, un devoir-être, la question : « Que puis-je savoir ? » aurait pour vérité la question : Que (selon quelles conditions et pourquoi) *dois*-je savoir ? ; quant aux questions : « Que dois-je faire ? » et « Que m'est-il permis d'espérer ? »[235], elles auraient pour vérité la question : Que *doit* être (comment *dois*-je comprendre) l'homme ?

Le *Gemüt* participerait donc de l'essence de la raison pratique pure, raison qui est ce « [au] moyen » de quoi et ce dont « provient »[236] le *Geist* en tant que « principe qui, dans l'esprit [*Gemüt*], apporte la vie »[237]. La liberté jaillirait comme « durée » intelligible, « durée » qui, en l'occurrence, est celle de

[230] Kant, *CRPr*, AK. V, 107, *o.c.*, p. 228.
[231] *Ibid.*
[232] F. Pierobon, *Kant et la fondation architectonique de la métaphysique*, *o.c.*, p. 20.
[233] Kant, *CRP*, AK. III, 540, *o.c.*, p. 675-676.
[234] Kant, *Métaphysique des mœurs* I, *Fondation*, AK. IV, 391-392, *o.c.*, p. 57-58.
[235] Kant, *CRP*, AK. III, 522, *o.c.*, p. 658.
[236] Kant, *Annonce de la prochaine conclusion d'un traité de paix perpétuelle en philosophie*, AK. VIII, 417, *o.c.*, p. 140.
[237] Kant, *CJ*, AK. V, 313, *o.c.*, p. 300.

la décision (*Entscheidung*)[238] criticiste en son surgissement et sa « persistance »[239] (cf. *infra* ce II).

Cette volonté d'exister comme sujet (la « volonté de volonté » au sens défini plus haut) est la marque du « tournant transcendantal »[240] comme « affirmation de soi »[241]. Dans la période précritique, la thèse de « l'inachèvement de la nature »[242] (« la création n'est jamais accomplie. Elle a commencé une fois, mais elle ne finira jamais »[243] ; Kant évoque alors un « achèvement successif »[244], « [envisageant] » bien ainsi « – à titre d'hypothèse – que [...] [le] processus [d'« organisation de l'univers »] est inachevé »[245]) doit s'apprécier comme l'affirmation du « pouvoir inépuisable de Dieu », de sa « toute-puissance », l'homme, « tout entier à la gloire de Dieu »[246], devant « contribuer à [...] [l']achèvement [de la nature] »[247]. Dans la période critique, l'univers est pensé dans la perspective d'une « déthéologisation » et d'un « recentrage sur la subjectivité » : « la nature, dans son ordre, ne manifeste plus la perfection de Dieu », mais « n'est rien de plus

---

[238] Kant, *CRP*, AK. III, 491, *o.c.*, p. 627.

[239] M. Richir, *L'expérience du penser*, Millon, Grenoble, 1996, p. 48.

[240] M. Fœssel, « Les Temps modernes et le tournant transcendantal. Blumenberg, Kant et la question du monde », *o.c.*, p. 98.

[241] H. Blumenberg, *La légitimité des Temps modernes*, trad. M. Sagnol, J.-L. Schlegel et D. Trierweiler, Gallimard, Paris, 1999, p. 235, cité par M. Fœssel, « Les Temps modernes et le tournant transcendantal. Blumenberg, Kant et la question du monde », *o.c.*, p. 99.

[242] M. Fœssel, « Les Temps modernes et le tournant transcendantal. Blumenberg, Kant et la question du monde », *o.c.*, p. 100.

[243] Kant, *Histoire générale de la nature et théorie du ciel*, AK. I, 314, trad. A.-M. Roviello, Vrin, Paris, 1984, p. 153, cité par M. Fœssel, « Les Temps modernes et le tournant transcendantal. Blumenberg, Kant et la question du monde », *o.c.*, p. 100.

[244] Kant, *Histoire générale de la nature et théorie du ciel*, AK. I, 312, *o.c.*, p. 151.

[245] R. Theis, *in* Kant, *L'unique argument possible pour une démonstration de l'existence de Dieu*, Introduction, Vrin, Paris, 2001, p. 36.

[246] M. Fœssel, « Les Temps modernes et le tournant transcendantal. Blumenberg, Kant et la question du monde », *o.c.*, p. 100.

[247] F. Schlegel, *Neue philosophische Schriften*, éd. J. Körner, p. 155 sq., cité par M. Fœssel, « Les Temps modernes et le tournant transcendantal. Blumenberg, Kant et la question du monde », *o.c.*, p. 104.

que le résultat d'une objectivation du sensible réalisée au moyen des catégories de l'entendement », le « rapport de l'homme au monde […] [s'explicitant] dans l'action »[248]. L'idée d'un « [inachèvement] » du monde est posée non plus « en raison d'une omnipotence divine qui [doit] trouver le moyen de s'exprimer dans la plasticité de la matière », mais dans un esprit de « [compatibilité] avec la téléologie de la liberté humaine »[249], ce qui ouvre sur la perspective du « progrès » comme « structure de l'histoire humaine »[250] : « [réduit] au statut de matière indéterminée, le monde […] est fait par ceux qui l'habitent » et il est « fait » sur le mode de l'« injonction pratique »[251] (« si nous savons que le monde est inachevé, notre destination est alors de contribuer à son achèvement »[252]).

En outre, le sujet s'institue comme finitude, confronté en permanence à l'« adversité » (*Widerwärtigkeiten*)[253], à une nature dont nous avons souligné, à travers l'exemple du tempérament mélancolique (tempérament dans lequel, nous avons vu dans quelle mesure, « le rien perce », dirait P. Valéry[254]), les effets, si l'on n'y prend garde, dévastateurs : la raison pratique pure, telle qu'elle s'éprouve dans son incarnation humaine, est donc l'*impératif* d'un exercice moral de la liberté, ce qui montre que l'humain est, comme le monde, inachevé, cet inachèvement

---

248 M. Fœssel, « Les Temps modernes et le tournant transcendantal. Blumenberg, Kant et la question du monde », *o.c.*, p. 103-104.
249 *Ibid.*, p. 104.
250 H. Blumenberg, *La légitimité des Temps modernes*, *o.c.*, p. 240, cité par M. Fœssel, « Les Temps modernes et le tournant transcendantal. Blumenberg, Kant et la question du monde », *o.c.*, p. 103.
251 M. Fœssel, « Les Temps modernes et le tournant transcendantal. Blumenberg, Kant et la question du monde », *o.c.*, p. 104.
252 F. Schlegel, *Neue philosophische Schriften*, *o.c.*, p. 155 sq., cité par M. Fœssel, « Les Temps modernes et le tournant transcendantal. Blumenberg, Kant et la question du monde », *o.c.*, p. 104.
253 Kant, *Métaphysique des mœurs* II, *Doctrine de la vertu*, AK. VI, 388, *o.c.*, p. 229.
254 P. Valéry, *Mauvaises pensées et autres*, *in Œuvres* II, « Bibliothèque de la Pléiade », Gallimard, Paris, 1960, p. 907.

étant consubstantiel à la liberté même (« l'homme, parce que libre, est un être structurellement inachevé »[255]).

La *duratio noumenon*, telle que nous la concevons, serait l'« insondable » (*unerforschlich*)[256] auto-fondation de la liberté en son irruption et sa « persistance » (*Beharrlichkeit*)[257]. Nous saisirions ici ce qui constitue le plus originairement la « puissance d'enjambement » de la pensée, cette puissance étant l'œuvre d'un « schématisme dont [...] [la liberté] a le secret enfoui en elle »[258], « schématisme » qui serait celui de la *duratio noumenon*.

Si la philosophie critique « [dissipe] [...] les brumes pré-kantiennes »[259], elle doit, nous l'avons vu, toujours aussi combattre ses propres brumes, afin de ne pas « sombrer dans les abîmes »[260], brumes liées à « l'expression de la nature dans le sujet »[261], mais aussi à la transcendantalité même (cf. *supra* ce II), ainsi qu'à certaines hypothèses[262] qui inspirent l'effroi, ne serait-ce que le temps de l'irréflexion transcendantale. De ce point de vue, on peut dire que « Kant a décrit le sol de nos inquiétudes »[263].

---

255 F. Dastur, « La question philosophique de la finitude », *Cahiers de Gestalt-thérapie*, 2009/1, n° 23, p. 10.

256 Kant, *CJ*, AK. V, 275, *o.c.*, p. 258.

257 Kant, *CRP*, AK. III, 137/IV, 102, *o.c.*, p. 228.

258 P. Loraux, « L'état d'âme de la pensée », *Épokhè* 2, Millon, Grenoble, 1991, p. 223.

259 A. Roux, *in* C. A. Eschenmayer, *La philosophie dans son passage à la non-philosophie*, « Éclaircissements et commentaires », Vrin, Paris, 2005, p. 66.

260 Expression que nous devons à F. Salvetti, *Judaïsme et christianisme chez Kant*, Cerf, Paris, 2016.

261 D. Dumouchel, *Kant et la genèse de la subjectivité esthétique*, Vrin, Paris, 1999, p. 224.

262 Cf. nos ouvrages *Qu'est-ce que la philosophie ? Recherche kantienne*, *o.c.*, p. 73, et *L'institution kantienne de l'humanité*, *o.c.*, p. 53-54.

263 P. Huneman, « La nature et son autre : Kant et Leibniz », *in Les sources de la philosophie kantienne aux XVII*^e^ *et XVIII*^e^ *siècles*, R. Theis et L. K. Sosoe (sous la direction de), Vrin, Paris, 2005, p. 157.

De même que l'« origine » de la philosophie serait, selon K. Jaspers, cette « source d'où jaillit constamment l'impulsion à philosopher »[264], de même l'existence proprement humaine s'originerait transcendantalement dans le jaillissement, qui doit renaître à chaque instant, de la volonté pratique pure comme « volonté de volonté » (cf. *supra* ce II), volonté qui n'a d'autre source que le « concept de devoir dans toute sa pureté »[265], c'est-à-dire « purifié de tout élément empirique »[266]. Notre humanité en sa fondation transcendantale tient tout entière dans la « force » d'une « résolution » (*Vorsatz*)[267] morale, celle de « combattre et de vaincre par la raison [pratique pure] »[268] ce qui, à chaque instant, la menace. Le « temps » propre (cf. *supra* ce II) à la liberté conçue en son formalisme moral doit se réinstituer sans cesse comme la création continuée d'une exigence, celle de « s'élever à l'humanité »[269], « l'Idée d'humanité considérée d'une façon tout intellectuelle » n'étant autre que celle de la « personnalité »[270]. Ainsi, la *duratio noumenon* comme Idée de la liberté qui fonde le temps propre au sujet moral doit, à chaque instant, vaincre le « temps » dont « souffre » le « mélancolique » : « Dégoût, ennui, mélancolie sont l'effet sur l'esprit du jeu des représentations qui toujours se succèdent et s'enchaînent, que rien n'arrête, n'immobilise ou ne suspend. Mieux, ce n'est que le mélancolique qui saisit le temps (lié) en ce qu'il est : infini, répétitif, [...] vide »[271]. Ce devoir d'exister en un combat incessant est au principe de l'« ascétique

---

264 K. Jaspers, *Introduction à la philosophie*, trad. J. Hersch, Plon, Paris, 1966, p. 10.

265 Kant, *Théorie et pratique*, AK. VIII, 286, trad. F. Proust, GF Flammarion, Paris, 1994, p. 58.

266 Kant, *Métaphysique des mœurs* II, *Doctrine de la vertu*, AK. VI, 376, *o.c.*, p. 212.

267 *Ibid.*, AK. VI, 384, *o.c.*, p. 223.

268 *Ibid.*, AK. VI, 380, *o.c.*, p. 218.

269 *Ibid.*, AK. VI, 387, *o.c.*, p. 227.

270 Kant, *La religion dans les limites de la simple raison*, AK. VI, 28, *o.c.*, p. 93-94.

271 F. Proust, *Kant le ton de l'histoire*, Payot, Paris, 1991, p. 247 et 105.

éthique »[272], qui se définit comme « exercice de la vertu », lequel requiert « deux dispositions de l'esprit : être d'esprit courageux et gai […] dans la manière d'observer ses devoirs »[273].

Pour un être de « devoir » (être pour lequel la loi morale se manifeste comme un « impératif », cf. *supra* ce II), exister exige de la « force d'âme (*Stärke der Seele*) »[274] (l'âme étant définie ici comme le « principe vital [*Lebensprincip*] de l'être humain dans le libre usage de ses forces »[275], principe qui « provient directement et immédiatement de la liberté et de l'impératif moral catégorique qui est le premier à nous la faire connaître »[276]) et du « courage » (*Mut*)[277].

Le « courage en tant qu'émotion [*Affect*] (en tant qu'il appartient partiellement à la sensibilité) peut être éveillé par la raison »[278].

La raison pratique pure a, « à l'égard de la sensibilité, une charge qu'elle ne peut décliner, celle de se préoccuper de son intérêt et de se faire des maximes pratiques aussi en vue du bonheur », l'homme étant « un être de besoins en tant qu'il appartient au monde sensible »[279]. Cette « [reconnaissance] » de la sensibilité de l'homme et de son « attente du bonheur » ressortit au « devoir » de la raison[280].

Nous saisissons ici la signification « éthique » (au sens de l'« ascétique éthique », cf. *supra* ce II) du devoir moral. L'impératif est de faire « [arriver] », dirait Heidegger, à chaque « maintenant »[281], le temps d'une existence qui résiste au

---

[272] Kant, *Métaphysique des mœurs* II, *Doctrine de la vertu*, AK. VI, 484, *o.c.*, p. 363
[273] *Ibid.*
[274] *Ibid.*, AK. VI, 384, *o.c.*, p. 223.
[275] *Ibid.*, AK. VI, 384, *o.c.*, p. 224.
[276] Kant, *Annonce de la prochaine conclusion d'un traité de paix perpétuelle en philosophie*, AK. VIII, 417, *o.c.*, p. 140-141.
[277] Kant, *Anthropologie du point de vue pragmatique*, AK. VII, 257, *o.c.*, p. 200.
[278] *Ibid.*
[279] Kant, *CRPr*, AK. V, 61, *o.c.*, p. 167.
[280] L. Gallois, *Le Souverain bien chez Kant*, Vrin, Paris, 2008, p. 97.
[281] M. Heidegger, *Être et temps*, *o.c.*, p. 493.

« [dégoût] de [soi]-même comme du monde »[282], de ne pas laisser aller le temps, un temps qui « passe »[283], qui nous fait « [souffrir] »[284] (cet impératif n'ayant de sens que pour un « être fini et raisonnable »[285], une « volonté humaine finie, c'est-à-dire une raison pratique pure »[286] qui jamais, en son existence finie, ne peut s'abstraire totalement du « pathologique » (cf. *supra* ce II)). A cette fin, la raison doit « [éveiller] » le « courage » (qui « appartient partiellement à la sensibilité ») (cf. *supra* ce II), « [rassembler] ses forces »[287] (lesquelles doivent être poussées à leur maximum d'intensité, qu'il s'agisse de la vitalité corporelle (« le corps est assurément un obstacle ; mais la disposition du corps est une diminution de cet obstacle »[288] ; « Une bonne constitution corporelle est une exigence de la vie »[289]) ou de la vitalité spirituelle (le *Geist*, fondé dans l'Idée de la raison pratique pure, anime le *Gemüt*[290], le « principe de vie ne se [fondant] pas sur les concepts du sensible »[291])), et ce, sous le commandement de la loi morale, c'est-à-dire qu'il convient de « [dépasser] la sensibilité »[292]. Mais la sensibilité est néanmoins « [mobilisée] »[293], comme on vient de le voir à propos du courage (qui lui « appartient partiellement », cf. *supra* ce II), l'essentiel étant de souligner que cette « mobilisation » est

---

282 Kant, *Observations sur le sentiment du beau et du sublime*, AK. II, 221, *o.c.*, p. 107.
283 M. Heidegger, *Être et temps*, *o.c.*, p. 493.
284 F. Proust, *Kant le ton de l'histoire*, *o.c.*, p. 247.
285 E. Weil, *Problèmes kantiens*, *o.c.*, p. 36.
286 M. Heidegger, *De l'essence de la liberté humaine*, *o.c.*, p. 259.
287 Kant, *Métaphysique des mœurs* II, *Doctrine de la vertu*, AK. VI, 484, *o.c.*, p. 363.
288 Kant, *Réflexion* n° 4556, AK. XVII, 593, cité et traduit par J.-L. Bruch, *La philosophie religieuse de Kant*, Aubier, Paris, 1968, p. 119.
289 J.-L. Bruch, *La philosophie religieuse de Kant*, *o.c.*, p. 119.
290 Cf. notre ouvrage *L'institution kantienne de l'humanité*, *o.c.*, p. 40 sq.
291 Kant, *Annonce de la prochaine conclusion d'un traité de paix perpétuelle en philosophie*, AK. VIII, 417, *o.c.*, p. 140.
292 A. Philonenko, *in* Kant, *Fondements de la métaphysique des mœurs*, Introduction, *o.c.*, p. 36.
293 C. Piché, « La méthodologie éthique de Kant », *in L'année 1797. Kant. La métaphysique des mœurs*, S. Goyard-Fabre et J. Ferrari (sous la direction de), Vrin, Paris, 2000, p. 120.

menée au « profit de la vertu » et que, en ce sens, elle « n'est nullement en contradiction avec le rigorisme kantien bien compris »[294].

Quant aux sentiments du beau (le plaisir esthétique) et du sublime (« affect [...] « suprasensible » », « pur affect de l'Idée »[295]) et à la « satisfaction » purement morale (le « contentement de soi-même » (*Selbstzufriedenheit*)[296] – cf. *supra* ce II –, J.-P. Fussler soulignant que l'on trouve dans ce terme « l'idée que l'on est en accord, en paix (*Friede*) avec soi-même, et que l'on est satisfait (*befriedigt*) de ce que l'on a », ce qui ne doit pas s'entendre avec « la nuance péjorative de l'expression « être content de soi », laquelle signifie l'inverse de la moralité au sens où Kant l'analyse, puisqu'elle renvoie au fait de s'applaudir soi-même pour ses mérites »[297]), ce sont là autant de sentiments suprasensibles qui n'« [infectent] » ni n'« [asservissent] » la raison[298], mais qui s'accordent (au sens de la *Stimmung*, cf. *supra* ce II) avec l'Idée de notre « destination complète », soit l'Idée de la « fin finale » (*Endzweck*)[299] de notre humanité.

Ainsi se conçoit une « ascétique éthique »[300] qui s'auto-institue transcendantalement (au sens d'une transcendantalité « existentielle », cf. *infra* ce II) dans ce que V. Jankélévitch appellerait le « choix initial et fondateur » du devoir, choix que le « courage » (au sens d'une « sensibilité » – cf. *supra* ce II – disciplinée par la moralité) « assume » : « la vertu de continuation », ou « fidélité » « coextensive à l'intervalle », « s'accroche à » ce « choix » ; « [il] faut du courage pour rester fidèle : ce qui veut dire qu'à toute minute [...] la fidélité exige de petits recommencements de

---

294 C. Piché, *ibid.*

295 F. Proust, *Kant le ton de l'histoire*, *o.c.*, p. 72.

296 Kant, *CRPr*, AK. V, 117, *o.c.*, p. 240.

297 J.-P. Fussler, *in* Kant, *CRPr*, *o.c.*, note 388, p. 400-401.

298 F. Marty, « Raison pure, raison affectée. A propos de l'affectivité chez Kant », *o.c.*, p. 24.

299 Kant, *CRP*, AK. III, 543, *o.c.*, p. 679.

300 Kant, *Métaphysique des mœurs* II, *Doctrine de la vertu*, AK. VI, 484, *o.c.*, p. 363.

courage »[301]. Si la « tension courageuse se maintient un peu plus longtemps que la durée infinitésimale d'un clin d'œil »[302], que l'« apparition disparaissante »[303] de l'*Augenblick*, c'est qu'elle se fonde dans « l'exercice » d'une « vertu », « [cultivée] » de telle sorte qu'elle devienne comme une habitude (« Habitue-toi à endurer les maux accidentels de la vie et à te dispenser des satisfactions pareillement superficielles »[304]). Un « plaisir » (*Lust*)[305], qui se fonde ici dans la *Selbstzufriedenheit* (cf. *supra* ce II), nous « [place] dans [...] [l']état d'esprit joyeux »[306] que requiert l'« exercice de la vertu » (cf. *supra* ce II).

Ainsi, le formalisme transcendantal pratique institue l'Idée de notre « [existence] »[307], l'« existant » (cf. *supra* ce II), pour accomplir sa « destination »[308], devant assumer sa « responsabilité »[309] de sujet moral engagé dans la dimension « pragmatique »[310] et cosmopolitique. Notre devoir est de faire jaillir à chaque instant le « temps » (cf. *supra* ce II) de la liberté morale comme fondation de l'existence, soit de fonder notre existence dans une pensée de la loi morale articulée à une « ascétique éthique » (cf. *supra* ce II), laquelle s'inscrit dans une métaphysique des mœurs, plus précisément dans une doctrine de la vertu constituée par l'« [ajout] *a priori* aux catégories de la liberté » de « la représentation de l'existence [...] des personnes » et de « l'existence des penchants inscrits dans les différents sujets »[311]. La transcendantalité pratique, dans une

---

301 V. Jankélévitch, *Les vertus et l'amour* Tome I, Flammarion, Paris, 2016, p. 89.
302 *Ibid.*
303 *Ibid.*, p. 97.
304 Kant, *Métaphysique des mœurs* II, *Doctrine de la vertu*, AK. VI, 484, *o.c.*, p. 363.
305 *Ibid.*
306 *Ibid.*, AK. VI, 485, *o.c.*, p. 364.
307 M. Heidegger, *De l'essence de la liberté humaine*, *o.c.*, p. 258.
308 Kant, *CRP*, AK. III, 543, *o.c.*, p. 679.
309 M. Heidegger, *De l'essence de la liberté humaine*, *o.c.*, p. 258.
310 Au sens défini par Kant dans l'*Anthropologie du point de vue pragmatique*, AK. VII, 119, *o.c.*, p. 83 : « la connaissance pragmatique [« tend à l'exploration »] de ce que l'homme, en tant qu'être de libre activité, fait ou peut et doit faire de lui-même ».
311 A. Renaut, *in* Kant, *Métaphysique des mœurs* I, Présentation, *o.c.*, p. 34.

fidélité toujours recommencée à sa discipline réflexive transcendantale, doit s'incarner, instituant alors « cet existant singulier que je suis »[312] : tel est le sens de l'individuation constitutive de l'« ascétique éthique »[313] (nous y reviendrons, cf. *infra* III).

Cette pensée nous enjoint d'exister dans la « clarté » transcendantale : « [la] loi du Jour, c'est que l'existence se manifeste dans le monde, construise avec ordre et clarté » ; « [sous] cette loi les forces troubles doivent être domptées » ; le « jour » (l'« ordre ») doit dompter la « nuit » (la « passion »)[314]. Nous avons à endurer ce dualisme du devoir et de la mélancolie toujours renaissante, de l'exigence de la vertu et de la dépression qui guette, prête à s'installer à la moindre défaillance. Si la mélancolie est une « passion de la nuit »[315], le « courage » d'exister (au sens de l'« ascétique éthique », cf. *supra* et *infra* ce II) ne peut jamais « [choisir] dans la nuit »[316], puisqu'il s'éclaire à la lumière du devoir.

« [*Fiat*] *justicia, pereat mundus* »[317]. Comprenons, par là, que le devoir moral inclut le risque de « perdre la vie » : « [le] désir de conservation, qui est le plus fort dans la nature humaine, ne résiste pas à cette puissance d'un autre genre qui s'appelle « liberté » » ; dans la proposition précitée, Kant « rappelle surtout que l'attention à la vie […] ne peut en aucun cas être une fin en soi. Elle est un moyen (parfaitement légitime) en vue de l'autonomie »[318]. Pour une volonté pratique pure finie, le « *fiat justicia* » (cf. *supra*) ne saurait donc se concevoir sans le « Fiat du courage »[319], la raison pratique pure

---

[312] A. Grandjean, « « Volonté pure » et « volonté de volonté ». Critique et métaphysique du vouloir », *o.c.*, p. 188.
[313] Kant, *Métaphysique des mœurs* II, *Doctrine de la vertu*, AK. VI, 484, *o.c.*, p. 363.
[314] Cf. M. Dufrenne, P. Ricœur, *Karl Jaspers et la philosophie de l'existence*, Seuil, Paris, 1947.
[315] *Ibid.*
[316] Cf. V. Jankélévitch, *Les vertus et l'amour* Tome I, *o.c.*, p. 103.
[317] Kant, *Vers la paix perpétuelle*, AK. VIII, 378, trad. J.-F. Poirier et F. Proust, GF Flammarion, Paris, 1991, p. 120.
[318] M. Fœssel, « Kant ou les vertus de l'autonomie », *o.c.*, p. 347 et 350.
[319] V. Jankélévitch, *Les vertus et l'amour* Tome I, *o.c.*, p. 135.

devant, dans la perspective de l'« ascétique éthique » (cf. *supra* ce II), « [éveiller] » le « courage », lequel « appartient partiellement à la sensibilité »[320] (cf. *supra* ce II).

Devoir « commencer », quand il s'agit de faire jaillir à chaque instant le « temps » d'une liberté morale (auto-)fondatrice (cf. *supra* ce II), est-ce, comme le propose F. Proust, « s'essayer, s'expérimenter, s'exercer »[321] ? Kant soutient qu'il faut « s'essayer »[322] à la liberté (« [les] premiers essais en seront sans doute grossiers [...] Cependant jamais on ne mûrit pour la raison autrement que grâce à ses tentatives personnelles (qu'il faut être libre de pouvoir entreprendre) »[323]), avoir le « courage de [se] servir de [son] propre entendement »[324]. Faut-il donc interpréter la liberté, en suivant F. Proust, comme « force de commencer ([...] pouvoir d'oser) »[325] ? Plus précisément, faut-il considérer que, « [antérieurement] au courage, il y a la bravoure [*Tapferkeit*] ou vertu du commencement », et que « [celle]-ci n'a rien d'éthique, mais est force, force de résistance », pouvoir d'une « liberté » qui est donc « [antérieure] » (au sens d'une antériorité transcendantale, puisque le « pur pouvoir de commencer », la « force de commencer », ne se « [situe] » pas « dans le temps ») à la « force morale de la volonté »[326] ? A notre sens, le courage ne peut se fonder, en dernière analyse, que dans la raison pratique pure, laquelle est la *seule* véritable « force de résistance » et, en tout cas, la plus originaire : c'est le pouvoir de la raison pratique pure qui est, de ce point de vue, la « force de commencer ». Il n'y a donc pas à distinguer, comme le fait F. Proust, une « force morale de la volonté », qui serait le

---

320 Kant, *Anthropologie du point de vue pragmatique*, AK. VII, 257, *o.c.*, p. 200.

321 F. Proust, *Kant le ton de l'histoire*, *o.c.*, p. 90.

322 *Ibid.*

323 Kant, *La religion dans les limites de la simple raison*, AK. VI, 188, *o.c.*, p. 290, texte auquel se réfère F. Proust, *Kant le ton de l'histoire*, *o.c.*, note 29, p. 111.

324 Kant, *Qu'est-ce que les Lumières ?*, AK. VIII, 35, trad. J.-F. Poirier et F. Proust, GF Flammarion, Paris, 1991, p. 43 (référence citée par F. Proust, *Kant le ton de l'histoire*, *o.c.*, note 29, p. 111).

325 F. Proust, *Kant le ton de l'histoire*, *o.c.*, p. 90.

326 *Ibid.*, p. 89-90.

« courage », et une force de « résistance absolument irrésistible », qui serait la « bravoure » (*Tapferkeit*)[327]. Ainsi, le « courage [*Tapferkeit*] (*fortitudo*) »[328] est une « capacité » et une « décision réfléchie de résister à [...] ce qui est en nous l'adversaire de l'intention morale », cette résistance, précise Kant, « [correspondant] à la vertu »[329]. La *Tapferkeit* doit donc être pensée comme un courage moral (« *fortitudo moralis* »), c'est-à-dire fondé dans la « vertu »[330], laquelle est définie, le plus originairement (dans la deuxième *Critique*), comme obéissance au devoir (« résolution morale dans la lutte »[331]).

Face aux forces qui menacent en permanence ma « vitalité » (cf. *supra* ce II et *infra* III), face à la « tragédie de l'existence », que Kant n'« [ignorait] » pas, même s'il a su la combattre pour atteindre une certaine « [sérénité] » (tout au moins celle du « penseur [...] qui savait pourquoi les hommes ne sont pas sereins et qui l'a dit »)[332], face au risque incessant de voir mon existence s'abîmer, que dois-je faire ? Mon devoir est de renaître à chaque instant au monde et à moi-même, de faire advenir une existence morale, au sens de la loi morale et de l'Idée d'une « ascétique éthique » (cf. *supra* ce II). « A chaque instant, [...], il convient de [...] naître à nouveau »[333], de « revivre », « revivre le matin » (« peut-être n'est-ce pas une image convenue qui associe le sommeil, non pas seulement à la mort, mais à la nuit, à ses ombres et ses fantômes. Le petit matin les dissipe, l'aube fraîche après les frayeurs »[334] ; que l'on songe à la conception kantienne de la « nuit », dans le « silence » de laquelle l'« imagination s'exalte [*schwärmt*] », « [provoquant] » à la longue « un relâchement des forces de

---

327 *Ibid.*, p. 90.
328 Kant, *Métaphysique des mœurs* II, *Doctrine de la vertu*, AK. VI, 380, *o.c.*, p. 219.
329 *Ibid.*
330 *Ibid.*
331 Kant, *CRPr*, AK. V, 84, *o.c.*, p. 196.
332 A. Philonenko, *L'œuvre de Kant* II, Vrin, Paris, 2007, p. 23.
333 B. Goetz, « Milieux de la vie », *Le Portique*, [En ligne], 21/2008, mis en ligne le 5 juin 2010. URL : http : //leportique.revues.org/1773.
334 F. Worms, *Revivre*, Flammarion, Paris, 2015, p. 284.

l'esprit »[335]), « revivre le soir » (« un revivre […] de l'autre lumière, celle de la lampe que l'on allume pour écrire ou seulement lire […] »)[336]. Revivre donc à chaque moment du jour et de la nuit, comme si chaque « maintenant »[337] devait être un « commencement »[338], celui d'une existence consciente qu'aucune victoire morale n'est acquise définitivement pour un « être raisonnable du monde sensible »[339]. Ainsi, le sujet moral, toujours « sur une corde raide »[340], doit instituer, en chacun de ses jaillissements, une « vie nouvelle », notion que R. Barthes conçoit dans le sens de « ma dernière vie », du « moment » de ma vie que je sens, que je sais, être le « milieu du chemin de la vie », ce moment où je « [décide] » de « changer » de vie[341], et qui doit s'entendre, du point de vue kantien, « pour la manière de penser », dans le sens d'une « révolution dans l'intention de l'homme », d'une « régénération », d'une « nouvelle création », d'un « changement de son cœur »[342], et, « pour la manière de sentir (qui […] oppose [« à l'homme »] des obstacles) »[343], dans le sens d'un « progrès allant à l'infini vers […] la conformité complète de la volonté à la loi morale »[344].

*

Si une prise de conscience morale du « pathologique » (au sens kantien, cf. *supra* ce II) « motive » (cf. *supra* I *in fine* et ce II) la décision qui fonde la philosophie critique, qu'en est-il de la légitimité de cette prise de conscience ? Nous nous proposons désormais de « justifier » (cf. *supra* I *in fine*) la philosophie critique, elle-même tout entière soucieuse de la

---

335 Kant, *Anthropologie du point de vue pragmatique*, AK. VII, 180-181, *o.c.*, p. 134.

336 F. Worms, *Revivre*, *o.c.*, p. 284.

337 M. Heidegger, *Être et temps*, *o.c.*, p. 493.

338 R. Barthes, *La préparation du roman*, *o.c.*, p. 283, cité par B. Goetz, « Milieux de la vie », *o.c.*, note 27.

339 Kant, *CRPr*, AK. V, 122, *o.c.*, p. 246.

340 P. Valéry, *Mauvaises pensées et autres*, *o.c.*, p. 864.

341 R. Barthes, *La préparation du roman*, *o.c.*, p. 16 sq.

342 Kant, *La religion dans les limites de la simple raison*, AK. VI, 47, *o.c.*, p. 118.

343 *Ibid.*

344 Kant, *CRPr*, AK. V, 122, *o.c.*, p. 246.

question : *quid juris* ? (qui, en vérité, n'est autre que la question : de quel droit faut-il penser l'être humain à la manière du transcendantalisme criticiste ?), donc de mettre à l'épreuve cette auto-légitimation du criticisme dans une entreprise de « justification » que nous définirons comme une critique de la Critique, l'idée étant que la pensée transcendantale est « nécessaire » rationnellement en tant qu'elle rend seule possible une compréhension de soi « sensée »[345] et « vraie », au sens de la « vérité » de « l'être humain » en sa « destination complète »[346].

---

[345] Cf. nos ouvrages *Qu'est-ce que la philosophie ? Recherche kantienne*, *o.c.*, p. 14-19, et *L'institution kantienne de l'humanité*, *o.c.*, p. 13, 37 sq., 54-56, 58.

[346] Kant, *CRP*, AK. III, 543, *o.c.*, p. 679.

CHAPITRE III

Justification de l'attitude critique kantienne

A ceux qui préconisent la « reconstruction » (cf. *supra* notre introduction), certes d'inspiration critique au sens kantien, d'une raison débarrassée toutefois du « purisme » kantien, c'est-à-dire, au fond (cf. *supra* II), « détranscendantalisée »[1], nous pourrions objecter que ce « purisme » (ou formalisme) transcendantal (au sens kantien) est précisément ce qui seul peut mettre au jour la volonté pratique pure, celle-là même qui fonde l'existence proprement humaine (cf. *supra* II). Cette volonté a conscience de devoir s'opposer au « pathologique » (au sens kantien, cf. *supra* II), mais elle reconnaît également notre finitude humaine (Kant soutient même, du point de vue d'une anthropologie pragmatique, que l'« émotion », comme « stimulation de l'attrait pathologique (sensible) » peut « tenir les rênes *provisoirement*, en attendant que la raison soit parvenue au degré de force qui convient » : la « sagesse de la nature a [...] enraciné en nous cette disposition », « elle a ajouté aux principes moraux qui portent au bien » cette « stimulation » « comme substitut temporaire de la raison »[2]) : ainsi, la raison doit reconnaître la nécessité de « stimuler le vouloir grâce à la liaison de ses idées avec des intuitions (exemples) qui leur sont subordonnées »[3], de stimuler notre vitalité, l'idée étant de mettre la sensibilité, autant qu'il est possible moralement, au service du devoir (cf. *supra* II) ; il s'agit de « traiter moralement le physique de l'homme ; [...] [de] présenter tout l'homme, même l'homme physique, comme un être organisé en vue de la

[1] Cf. N. Kompridis, « De Kant à Foucault. Réorientation de la critique », *o.c.*, p. 636.
[2] Kant, *Anthropologie du point de vue pragmatique*, AK. VII, 253, *o.c.*, p. 197.
[3] *Ibid.*, AK. VII, 254, *o.c.*, p. 197.

moralité »[4]. Une telle conscience de la nécessité d'une « application » du « [formalisme] » transcendantal (« l'universel ») au « particulier » – application qui est au cœur du passage du transcendantal à la « métaphysique », en l'occurrence à la métaphysique des mœurs –[5], une telle conscience « morale » de la « diététique » comme « art de prévenir les maladies »[6], une telle conscience, disons-nous, ne peut s'inscrire que dans la figure la plus pure, la plus purifiée, du transcendantal (dont on souligne ici l'« opposition à l'empirique »[7]).

Seul le rigorisme transcendantal pratique (au sens de la pensée du devoir) peut nous prémunir contre la tentation de valoriser la mélancolie, que ce soit dans l'existence ou dans la pensée (ainsi, la mélancolie serait perçue comme « une chance pour la pensée » dans la mesure où elle « l'[inviterait] à se rappeler ce qu'elle a cru devoir neutraliser pour être reconnue puissance de plein exercice, à réactiver ce qu'elle a souvent perdu, la dimension d'affectivité qui l'ouvre, sans parade possible, aux accidents qui la font pensante »[8]). Certes, la pensée ne doit pas « rompre avec [...] son affectivité »[9], mais la mélancolie n'est pas un sentiment sublime[10] : contrairement à ce que soutient F. Proust (« la mélancolie » serait « sublime, parce qu['] [...] elle se tient sur le bord de l'insensibilité, du vide d'affect »[11]), nous dirions que la mélancolie, même si le « sublime » est « dans le ton de son sentiment »[12], n'est pas elle-même sublime, parce qu'elle ne se fonde pas dans le concept de devoir (cf. *supra* II) et qu'elle ne s'inscrit pas,

---

[4] Kant, *Le conflit des facultés*, AK. VII, 97, trad. J. Gibelin, Vrin, Paris, 1973, p. 113-114.
[5] A. Renaut, *in* Kant, *Métaphysique des mœurs* I, Introduction, *o.c.*, p. 28, 33-34.
[6] Kant, *Le conflit des facultés*, AK. VII, 98, *o.c.*, p. 114.
[7] M. Puech, *Kant et la causalité*, *o.c.*, p. 355.
[8] P. Loraux, « Le ton de la pensée », *Épokhè* 2, Millon, Grenoble, 1991, p. 6.
[9] *Ibid.*
[10] Cf. *supra* II et notre ouvrage *L'institution kantienne de l'humanité*, *o.c.*, p. 51-53.
[11] F. Proust, *Kant le ton de l'histoire*, *o.c.*, p. 248.
[12] Kant, *Observations sur le sentiment du beau et du sublime*, AK. II, 221, *o.c.*, p. 106.

comme l'esthétique du sublime, dans la perspective de l'Idée rationnelle de notre destination suprasensible (cf. *supra* ce III, note 10).

En outre (que l'on songe ici à une autre objection adressée au kantisme, cf. la référence à N. Kompridis dans notre introduction), nous avons montré ailleurs[13] que le transcendantal en son sens kantien n'est pas incompatible avec l'idée d'une « histoire » de la pensée et l'idée de contingence, c'est-à-dire avec la possibilité d'une transformation de l'essence de l'homme dans le sens d'une « histoire » de l'(hé-)autonomie de l'esprit.

*

S'il convient de penser son existence, il est essentiel d'exister dans la fidélité à une pensée qui soit « vraie », l'existence devant se conformer à une pensée du bien, donc à une pensée qui soit « la bonne »[14]. Nous nous proposons d'établir, dans cet esprit, la valeur de la pensée kantienne : telle est précisément la tâche d'une « justification » (cf. *supra* I *in fine* et II *in fine*).

Le décisionnisme qui fonde la démarche de transcendantalisation est un décisionnisme pratique ayant pour but l'auto-institution de l'existence la plus morale possible (au sens de la philosophie du devoir en tant qu'elle se réalise en une « ascétique éthique »[15] (cf. *supra* II) de l'homme comme habitant du monde[16]). Que ce décisionnisme soit réflexif (au sens de la réflexion transcendantale critique), cela signifie qu'il se fonde dans la « raison » en tant qu'elle « doit, dans toutes ses entreprises, se soumettre à la critique [...] De fait n'y a-t-il rien [...] de si sacré qui puisse se dérober à cet examen qui contrôle et inspecte tout [...] C'est sur cette liberté que repose [...] l'existence de la raison, laquelle n'a pas d'autorité dictatoriale, mais ne fait jamais reposer sa décision que sur l'accord de libres

[13] Cf. notre ouvrage *L'institution kantienne de l'humanité*, *o.c.*

[14] Cf. E. Tugendhat, *Conférences sur l'éthique*, *o.c.*, p. 83.

[15] Kant, *Métaphysique des mœurs* II, *Doctrine de la vertu*, AK. VI, 484, *o.c.*, p. 363.

[16] Cf. notre ouvrage *Le problème kantien de l'éthique. Habiter le monde*, *o.c.*

citoyens »[17]. La pensée critique a dû « soutenir » le « libre et public examen »[18] de la raison, le lecteur devant, à son tour, donner, à chaque moment et sur chaque élément, son « assentiment réfléchi »[19], seule condition pour que la pensée puisse être objet de « respect » (*Achtung*)[20].

La spontanéité (« épigénétique »[21]) de la pensée se fonde sur l'Idée d'un « [désenveloppement] »[22] de l'« essence de la pensée »[23], ce qui montre que la pensée n'est « nullement inventée de toutes pièces [*erdichtet*] »[24]. Ainsi, que la pensée de Kant s'institue comme désenveloppement épigénétique[25], cela signifie qu'elle rejette tout arbitraire (il s'agit d'« ériger [...] la métaphysique sur des fondements inébranlables, après tant de constructions arbitraires »[26]), qu'elle refuse de s'identifier à un « discours poétique », à une « imagination »[27] qui serait la maîtresse absolue de ses fictions (cf. *supra* ce III).

Le « comme si » s'inscrit dans une stratégie *rationnelle*, qu'il s'agisse, dans le domaine théorique, de penser les Idées de la raison comme des « fictions [*Fictionen*] heuristiques » devant « fonder » des « principes régulateurs de l'usage systématique de l'entendement dans le champ de l'expérience »[28] ou, dans le domaine pratique (« Agis comme si la maxime de ton action devait être érigée par ta volonté en loi universelle de la nature »[29]), de « [mettre] à l'épreuve nos propres maximes »[30].

---

[17] Kant, *CRP*, AK. III, 484, *o.c.*, p. 619.
[18] *Ibid.*, AK. IV, 9, *o.c.*, p. 65.
[19] N. Kompridis, « De Kant à Foucault. Réorientation de la critique », *o.c.*, p. 635.
[20] Kant, *CRP*, AK. IV, 9, *o.c.*, p. 65.
[21] Kant, *CRP*, AK. III, 128, *o.c.*, p. 218.
[22] *Ibid.*, AK. III, 540, *o.c.*, p. 676.
[23] Kant, *Premiers principes métaphysiques de la science de la nature*, AK. IV, 472, trad. J. Gibelin, Vrin, Paris, 1990, p. 14.
[24] *Ibid.*
[25] Cf. nos ouvrages *Qu'est-ce que la philosophie ? Recherche kantienne*, *o.c.*, p. 54, et *L'institution kantienne de l'humanité*, *o.c.*, p. 38-39.
[26] E. Weil, *Problèmes kantiens*, *o.c.*, p. 16.
[27] C. Bouriau, *Le « Comme si ». Kant, Vaihinger et le fictionalisme*, Cerf, Paris, 2013, p. 54.
[28] Kant, *CRP*, AK. III, 503, *o.c.*, p. 638.
[29] Kant, *Métaphysique des mœurs* I, *Fondation*, AK. IV, 421, *o.c.*, p. 98.
[30] C. Bouriau, *Le « Comme si ». Kant, Vaihinger et le fictionalisme*, *o.c.*, p. 29.

Nul arbitraire donc là où règne la seule nécessité rationnelle, que ce soit dans le domaine théorique, dans le domaine pratique ou « dans le champ d'application du jugement réfléchissant téléologique : non seulement il faut que l'objet, dans sa contingence empirique, m'instruise de sa finalité, mais il faut qu'il le fasse par son caractère autrement inexplicable »[31] (« je ne peux, d'après la constitution spécifique de mes pouvoirs de connaître, juger autrement, quant à la possibilité de ces choses et de leur production, qu'en recourant à la pensée, pour celles-ci, d'une cause agissant de manière intentionnelle »[32]). Nul « fictionalisme » non plus dans le rationalisme critique de Kant, si l'on entend par « fictionalisme » l'attitude qui consiste à « [justifier] un certain nombre de propositions par des raisons [...] pratiques » : ainsi, s'agissant du « domaine de l'expérience religieuse », l'idée serait qu'« il n'est pas nécessaire de croire en Dieu pour mener une vie authentiquement religieuse, faite de lecture des textes sacrés et de pratiques telles que aller à la messe, faire des œuvres, prier, etc. », que « les énoncés religieux et [...] théologiques sont fictionnels, [qu']ils ne dénotent rien dans la réalité », mais que « [toutefois], [...] ils peuvent jouer un rôle très important pour notre vie », qu'ils « peuvent même aller jusqu'à la transformer », ce qui revient à penser une « forme de religion sans la foi [cette dernière étant définie comme « croyance en l'existence de Dieu » et « confiance en Lui comme personne »] » : au fond, il s'agit de « se comporter comme si l'on croyait en Dieu »[33] ; s'agissant de la « métaphysique », « Vaihinger [la] présente [...] comme un discours poétique justifiable exclusivement par les sentiments et les comportements positifs qu'il suscite »[34].

---

[31] D. Lories, « Le phénomène de la vie de Jonas : l'absence insistante de Kant », *Bulletin d'analyse phénoménologique* VI 2, 2010 (Actes 2), p. 243.

[32] Kant, *CJ*, AK. V, 397-398, *o.c.*, p. 392.

[33] Cf. C. Bouriau, *Le « Comme si ». Kant, Vaihinger et le fictionalisme*, *o.c.*, p. 31 et 10-11.

[34] *Ibid.*, p. 54.

La « croyance » en Dieu est une exigence rationnelle, une nécessité inscrite dans un désenveloppement de l'essence de la raison. Il est donc impossible de parler d'un athéisme chez Kant[35]. L'idée est que « l'essentiel n'est pas la connaissance », mais « l'action, plus exactement, la décision en vue de l'action », « Dieu [...] [permettant] à l'homme de se penser comme [...] sujet libre de ses décisions »[36]. S'agit-il, toutefois, de « poser [Dieu] comme une Présence ultime sans laquelle tout s'écroulerait : morale, raison, dignité de l'homme, signification de la vie, souverain bien, justice »[37] ? A la vérité, pour Kant, la « réalité de Dieu » est pensée comme « détermination à l'agir »[38] ; penser Dieu comme « auteur moral du monde »[39] est une nécessité rationnelle si l'homme « veut [...] rester attaché à l'appel de sa destination morale intérieure »[40] et garder foi en la *possibilité* d'habiter moralement le monde[41]. Mais la décision de croire en Dieu n'est pas ce qui fonde la philosophie morale de Kant. Certes, l'Idée de la théologie rationnelle (ou morale) donne sens à la constitution de nos facultés en leur « forme supérieure »[42] (orientant leur effectivité), donc donne sens à la (pensée de la) loi morale (« Dieu est la condition pour que [la] fin [de « l'entreprise éthique », soit « l'union des volontés humaines selon la raison [comprise comme « source de la loi » morale] »] advienne »[43]) – rappelons que la croyance rationnelle (au sens de la théologie morale, de la « pure foi religieuse »[44],

---

[35] Cf. nos ouvrages *Qu'est-ce que la philosophie ? Recherche kantienne*, *o.c.*, p. 63-64, et *L'institution kantienne de l'humanité*, *o.c.*, p. 60 sq.
[36] E. Weil, *Problèmes kantiens*, *o.c.*, p. 37 et 36.
[37] R. Schaerer, « « Si Dieu n'existe pas... » : réflexions sur Kant et Dostoïevski », *Revue de théologie et de philosophie* 17 (1967), p. 94.
[38] F. Marty, *in* Kant, *Opus postumum*, *o.c.*, note 380, p. 336.
[39] Kant, *CJ*, AK. V, 453, *o.c.*, p. 452.
[40] *Ibid.*, AK. V, 452, *o.c.*, p. 451-452.
[41] Cf. notre ouvrage *Le problème kantien de l'éthique. Habiter le monde*, *o.c.*, chapitre II : « La Critique et l'Idée de monde ».
[42] G. Deleuze, *La philosophie critique de Kant*, *o.c.*, p. 9.
[43] G. Nossent, « Dieu et la morale », *Nouvelle revue théologique*, Tome 90/8 (1968), Bruxelles, p. 805.
[44] Kant, *La religion dans les limites de la simple raison*, AK. VI, 102, *o.c.*, p. 184.

de la « religion (vraie) » unique[45]) doit être distinguée des différentes « formes de croyances »[46] au sens de la « foi d'église, en tant qu'historique »[47] (la foi morale se distingue de l'« illusion enthousiaste relevant uniquement du sentiment » (la « prière » – « [vouloir] agir sur Dieu », « par des mots », « de façon extérieure », à ne pas confondre avec « l'esprit de la prière » comme « intention [...] [d']accomplir [nos actions] comme si elles s'exécutaient pour le service de Dieu » –, la « fréquentation de l'église » comme « culte extérieur solennel », etc.)[48] : le « véritable enthousiasme », le seul qui soit rationnellement légitime, « ne se rapporte [...] qu'à ce qui est idéal [« ce qui est purement moral »] [...] et [...] ne peut se greffer sur l'intérêt »[49]) –. Toutefois, seule la « voix d'airain »[50] de la loi morale *doit* susciter « l'épuisante réaction de l'homme qui se reprend et refuse de somnoler, le sursaut par lequel nous luttons sans trêve contre l'engourdissement irrésistible et contre le ronronnement de la continuation »[51].

L'exigence est celle du « sens », l'entreprise critique devant se fonder dans l'Idée d'une nécessité rationnelle. D'où l'exigence de légitimation (ainsi, la déduction transcendantale montre la « validité [des « conditions *a priori* de l'expérience »] justement par le fait qu'elles « rendent l'expérience possible » »[52]). Soulignons, par ailleurs, que, dès le point de vue « [théorique] », l'« homme [...] ne peut pas ne pas croire [...] car aucune action ni aucune décision ne sont concevables dans un monde incohérent et non-structuré [...] Pour l'homme, [...] la foi est un besoin et une nécessité, le besoin de découvrir la

---

45 *Ibid.*, AK. VI, 107, *o.c.*, p. 191.

46 *Ibid.*

47 *Ibid.*, AK. VI, 118, *o.c.*, p. 204.

48 *Ibid.*, AK. VI, 194 sq., *o.c.*, p. 298 sq.

49 Kant, *Le conflit des facultés*, AK. VII, 86, *o.c.*, p. 102.

50 Kant, *D'un ton grand seigneur adopté naguère en philosophie*, AK. VIII, 402, trad. L. Guillermit, Vrin, Paris, 1975, p. 104-105.

51 V. Jankélévitch, *Le Je-ne-sais-quoi et le Presque-rien* 3, *La volonté de vouloir*, Seuil, Paris, 1980, p. 50.

52 E. Fink, *Le jeu comme symbole du monde*, trad. H. Hildenbrand et A. Lindenberg, Minuit, Paris, 1976, p. 24.

nécessité de penser une structure du monde en sa totalité »[53]. Ainsi, lorsque la « raison [...] [proscrit] l'idée d'une nature où n'apparaîtrait aucune ressemblance », lorsqu'elle « se fait [...] l'interprète des exigences de l'entendement [,] [...] exigences [qui] définissent une structure transcendantale de la connaissance »[54], il faut la penser comme « fondée », sur le mode du jugement réfléchissant, dans la croyance rationnelle, la (théologie) morale. « L'acte d'espérance : j'affirme que la nature ne me décevra pas ; l'esprit affirme qu'il s'y retrouvera, que la nature n'est pas étrangère »[55]. Penser le monde comme sensé est une exigence, si l'on veut (et on le doit) chercher à le connaître et, plus largement, à l'habiter (esthétiquement et) moralement[56]. Ainsi, le « croire » est « saisie de mon action », et plus largement de mon être-au-monde, « en tant que sens »[57].

La « raison qui se manifeste dans l'arithmétique comme dans la morale »[58] est « une seule et même raison qui ne doit se différencier que dans son application »[59] (en ce sens, R. Aron soutient que « [même] si l'on admet que logiquement la vérité de « 2 x 2 = 4 » n'est pas de même sorte que celle du « Tu ne tueras point », il reste que le sens dernier de l'égalité arithmétique s'adresse à tous les hommes, universalité que l'interdiction de tuer retrouve d'une autre manière »[60]), le problème de « l'unité de la raison » étant traité chez Kant « sous la forme d'une *Critique de la faculté de juger* »[61] : l'essence de la raison est pratique, le « principe commun » à la raison « spéculative » et à la raison « pure pratique »[62] devant être

[53] E. Weil, *Problèmes kantiens*, *o.c.*, p. 54-55.

[54] G. Canguilhem, « Le concept et la vie », *Revue philosophique de Louvain*/Année 1966/Volume 64/Numéro 82, p. 202.

[55] M. Alexandre, *Lecture de Kant*, PUF, Paris, 1978, p. 271.

[56] Cf. notre ouvrage *Le problème kantien de l'éthique. Habiter le monde*, *o.c.*

[57] O. Abel, « Kant et l'émancipation de l'humanité », *o.c.*, p. 8.

[58] A. MacIntyre, *Après la vertu*, trad. L. Bury, PUF, Paris, 2006, p. 55.

[59] Kant, *Métaphysique des mœurs* I, *Fondation*, AK. IV, 391, *o.c.*, p. 57.

[60] R. Aron, *in* M. Weber, *Le savant et le politique*, Introduction, Plon, Paris, 1959, p. 40.

[61] Cf. A. Renaut, *in* Kant, *Métaphysique des mœurs* I, *Fondation*, *o.c.*, note 7, p. 186.

[62] Kant, *Métaphysique des mœurs* I, *Fondation*, AK. IV, 391, *o.c.*, p. 57.

pensé, sur le mode du jugement réfléchissant, comme la liberté au sens moral (cf. *supra* II).

L'Idée architectonique d'un « [désenveloppement] »[63] rationnel montre que « l'un des principes de base du rationalisme [...] est que nous n'avons pas le choix »[64]. Pour Kant, nous ne pouvons « [décider] par nous-mêmes [des] [...] principes [de la raison] [...] [La] raison, la rationalité et la vérité [ne] sont [pas] de notre ressort »[65]. Ce n'est pas nous qui choisissons l'essence de notre pouvoir de juger, soit l'acte par lequel (et la manière dont) l'« entendement », comme « noyau rationnel du jugement », « réalise », « dans le jugement », la « fonction logique » (qui « vient » de lui), c'est-à-dire l'« [applique] à du donné », ce qui fonde la possibilité de la « connaissance »[66].

Ce n'est pas nous non plus qui choisissons la loi morale. Comme le dit G. Nossent, « [c'est] [...] la Raison, selon Kant, qui pose la loi, et non la volonté. Et la Raison dont nous avons l'expérience, c'est la Raison humaine. C'est l'homme, en tant que rationnel, qui pose la loi, non dans l'arbitraire, mais selon les normes imprescriptibles de la faculté raisonnable »[67]. Si la loi morale est ce par quoi « je suis dépassé foncièrement et inéluctablement », ce n'est pas toutefois comme par la « prépondérance absolue de Dieu » telle qu'elle est « donnée [...] dans le *cogito-sum* [cartésien] »[68], mais c'est en tant que « fait de la raison » pratique pure « [s'imposant] à nous »[69] et

---

[63] Kant, *CRP*, AK. III, 540, *o.c.*, p. 676.

[64] P. Engel, « La raison et ses domaines », *in La reconstruction de la raison. Dialogues avec Jacques Bouveresse*, C. Tiercelin (sous la direction de), Collège de France, Paris, 2014, cf. l'appel de note 6. [En ligne], http : //www.openedition.org/6540.

[65] *Ibid.*, note 6.

[66] B. Haas, « Kant et la raison comme fonctionnalité logique », *Archives de Philosophie* 2004/3 (Tome 67), p. 387-389.

[67] G. Nossent, « Dieu et la morale », *o.c.*, p. 804.

[68] Cf. H. U. von Balthasar, *La Gloire et la Croix*, 4, *Le domaine de la métaphysique*, 3, *Les héritages*, trad. R. Givord et H. Engelmann, Aubier, Paris, p. 233, cité par J.-C. Goddard, *La philosophie fichtéenne de la vie*, Vrin, Paris, 1999, p. 57-58.

[69] Kant, *CRPr*, AK. V, 31, *o.c.*, p. 127.

« [commandant] à tous »[70]. La loi morale ne s'impose pas à moi du dehors, tel le don d'une transcendance divine m'ordonnant depuis un ailleurs une soumission inconditionnelle (« Dieu n'est [...] pas une substance se trouvant hors de moi mais [...] un rapport moral en moi »[71]). Si « Dieu est [...] [le] sujet »[72] de la loi morale, comment penser mon rapport à cette loi ? La loi « morale a sa source dans la liberté » (qui est sa « *ratio essendi* »[73]), donc dans *ma* liberté, « Dieu n'[étant] plus » alors « pensé » comme « Être suprême, mais » comme « liberté »[74].

« La volonté n'est [...] pas purement et simplement soumise à la loi, mais elle lui est soumise de telle manière qu'il faut la considérer en même temps comme législatrice et au demeurant comme n'étant soumise à la loi (dont elle peut se tenir elle-même pour l'auteur) que précisément pour cette raison »[75]. Ici, « le terme d'« auteur » est [...] synonyme de » celui de « « législateur » »[76]. Mais Kant souligne également que je ne suis pas l'« auteur » de la loi morale dans le sens d'un décisionnisme arbitraire. De ce point de vue, il faut distinguer le fait d'être « législateur » et le fait d'être l'« auteur » de la loi : « Celui qui commande (*imperans*) à l'aide d'une loi est le législateur (*legislator*). Il est l'auteur (*auctor*) de l'obligation établie par la loi, mais non pas toujours l'auteur de la loi. Dans le dernier cas, la loi serait positive (contingente) et arbitraire »[77]. La notion précitée d'« obligation », c'est-à-dire de « [devoir] », n'a de sens que pour une « volonté affectée », et non pour une « volonté sainte », qui, elle, « *veut* simplement », mais ne

---

[70] *Ibid.*, AK. V, 36, *o.c.*, p. 135.

[71] Kant, *Opus postumum*, AK. XX, 149, *o.c.*, p. 252.

[72] *Ibid.*, AK. XXII, 55, *o.c.*, p. 189.

[73] Kant, *CRPr*, AK. V, 4, *o.c.*, p. 90 (pour l'expression entre parenthèses).

[74] O. Höffe, *Introduction à la philosophie pratique de Kant*, trad. S. Gillioz, *o.c.*, p. 269.

[75] Kant, *Métaphysique des mœurs* I, *Fondation*, AK. IV, 431, *o.c.*, p. 111, cité par A. Grandjean, « « Volonté pure » et « volonté de volonté ». Critique et métaphysique du vouloir », *o.c.*, p. 192.

[76] *Ibid.*

[77] Kant, *Métaphysique des mœurs* I, *Introduction*, AK. IV, 227, *o.c.*, p. 180, cité par A. Grandjean, « « Volonté pure » et « volonté de volonté ». Critique et métaphysique du vouloir », *o.c.*, p. 192.

« *doit* » pas[78]. De plus, la loi morale n'est pas une « loi positive », elle n'est pas « faite », « créée »[79], mais « donnée », non comme un « fait empirique », mais comme « le fait unique de la raison pure »[80] ; elle est, comme « forme d'une volonté pure, donnée avec la raison »[81]. C'est donc bien à la « loi moralement pratique » en tant qu'elle « contient un impératif catégorique (commandement) »[82] que se réfère le passage précité. L'« [être raisonnable *et* fini] »[83], comme sujet moral, est autonome, dans le sens où il se donne la loi morale comme « obligation » : il est l'« auteur [...] de l'obligation établie par la loi », mais non pas « auteur de la loi » (cf. *supra*). Il est de son devoir, de sa responsabilité, de se « commander » (cf. *supra*) à lui-même l'obéissance à la loi morale, loi dont l'origine est « sainte »[84], c'est-à-dire transcende sa finitude. Ainsi, « quelque chose demeure toujours retiré à la volonté pure [pratique] [...] qui est précisément la position même de la loi morale [...] [La] volonté pure [pratique] [...] ne saurait jamais paraître comme un pur acte décisoire »[85].

Cela, toutefois, s'entend-il également de la « volonté pure [...] en sa forme absolue », soit de la « volonté divine », comme le soutient A. Grandjean[86] ? Comment Dieu, créateur de toutes choses, pourrait-il ne pas être l'auteur de la loi morale ? Dieu est « législateur-juge »[87] (« il est [...] le saint législateur (et créateur), le bon gouverneur (et conservateur) et le juste juge »[88]) ; comme « être saint ([...] tout à fait unique) »[89], il

[78] A. Grandjean, *o.c.*, p. 191-192.
[79] *Ibid.*, p. 192.
[80] Kant, *CRPr*, AK. V, 31, *o.c.*, p. 128.
[81] *Ibid.*, AK. V, 66, *o.c.*, p. 172, cité par A. Grandjean, *o.c.*, p. 193.
[82] Kant, *Métaphysique des mœurs* I, *Introduction*, AK. IV, 227, *o.c.*, p. 180.
[83] A. Grandjean, « « Volonté pure » et « volonté de volonté ». Critique et métaphysique du vouloir », *o.c.*, p. 192.
[84] Kant, *CRPr*, AK. V, 87, *o.c.*, p. 200.
[85] A. Grandjean, « « Volonté pure » et « volonté de volonté ». Critique et métaphysique du vouloir », *o.c.*, p. 192.
[86] *Ibid.*
[87] F. Marty, *in* Kant, *Opus postumum*, *o.c.*, note 586, p. 357.
[88] Kant, *CRPr*, AK. V, 131, *o.c.*, p. 257.
[89] Kant, *Opus postumum*, AK. XX, 149, *o.c.*, p. 252.

« veut »[90] le Bien. Mais est-il, en tant que « créateur » (cf. *supra*), l'auteur de la loi morale ? A la vérité, la loi morale, en tant qu'elle est « donnée avec la raison »[91], « échappe [...] au régime du créé : elle n'est pas même créée par la raison »[92]. Ainsi, que la « forme » de la « volonté pure » soit « donnée avec la raison »[93], cela doit s'entendre également de la volonté sainte, c'est-à-dire de la volonté de Dieu. Kant le reconnaît dans le passage suivant : « Il y a pour le sujet (la raison pure, éthico-pratique) un principe [...] qui commande apodictiquement en ce qui concerne toutes les lois du devoir, même sans *autor* pour cela (une substance pour cela), un être saint (qui est tout à fait unique) »[94]. Dieu n'est donc pas l'« auteur » de la loi morale, car il est une « personne » et non une « substance »[95]. En ce sens, il faut reconnaître l'« absoluité » de la « loi » morale[96]. Dieu est l'« auteur [...] de l'obligation établie par la loi »[97] (cf. *supra* ce III), le « principe », l'« être saint », qui « commande apodictiquement »[98] ; il est donc pensé ici en son « rapport moral » à « moi »[99] (Dieu, en tant que sa volonté est sainte, n'a pas à *se* « commander », puisqu'il « veut »[100] le Bien).

Ainsi, Kant établit que la loi morale, « donnée » dans la raison pratique pure, est un absolu (cf. *supra* et *infra* ce III). La raison pratique pure a pour essence la liberté, effectivité « insondable »[101] de l'absolu en moi, Kant soutenant que l'on

---

[90] A. Grandjean, « « Volonté pure » et « volonté de volonté ». Critique et métaphysique du vouloir », *o.c.*, p. 192.
[91] Kant, *CRPr*, AK. V, 66, *o.c.*, p. 172.
[92] A. Grandjean, « « Volonté pure » et « volonté de volonté ». Critique et métaphysique du vouloir », *o.c.*, p. 192-193.
[93] Kant, *CRPr*, AK. V, 66, *o.c.*, p. 172.
[94] Kant, *Opus postumum*, AK. XX, 148-149, *o.c.*, p. 252.
[95] *Ibid.*, AK. XX, 149, *o.c.*, p. 252.
[96] A. Grandjean, « « Volonté pure » et « volonté de volonté ». Critique et métaphysique du vouloir », *o.c.*, p. 193.
[97] Kant, *Métaphysique des mœurs* I, *Introduction*, AK. IV, 227, *o.c.*, p.180.
[98] Kant, *Opus postumum*, AK. XX, 149, *o.c.*, p. 252.
[99] *Ibid.*
[100] A. Grandjean, « « Volonté pure » et « volonté de volonté ». Critique et métaphysique du vouloir », *o.c.*, p. 192.
[101] Kant, *CJ*, AK. V, 275, *o.c.*, p. 258.

peut avoir un certain « savoir » de la liberté (comme « *ratio essendi* de la loi morale »[102]), même si la liberté demeure insondable (la liberté « révèle immédiatement en nous son existence »[103] ; « nous savons que nous sommes libres, mais nous ne savons pas ce qu'est cette liberté »[104]).

En outre, que l'« absoluité » de la loi morale ne « [vienne] » pas « de Dieu » dans le sens où Dieu n'est pas l'auteur de cette loi (cf. *supra* ce III), que la loi morale ne soit pas « [donnée] par Dieu, substance extérieure »[105] (cf. *supra* ce III), cela signifie que, pour Kant, il ne saurait être question d'admettre que « l'ordre moral tout entier est suspendu au Décret divin », que ce « Décret » est « gratuitement porté », que « la loi morale [...] eût pu être autre qu'elle n'est, si Dieu l'eût autrement décrétée », la « loi naturelle » et la « législation positive » étant alors mises sur le même plan[106]. Pour Kant (cf. *supra* ce III), il est illégitime de « [transposer] [...] à la loi naturelle la part d'arbitraire qui est admissible, et en tout cas apparente, en toute législation positive »[107]. La loi morale ne saurait donc davantage être pensée comme « [forgée] [...] (arbitrairement) » par l'homme : nous dirions à son sujet ce que Kant dit de la « conscience », à savoir qu'« elle est incorporée dans [...] [l']être [rationnel pratique pur] » de l'homme[108].

*

Comment donc définir la sagesse de Kant, cette sagesse qui serait de nature à éclairer notre époque et nos existences ?

---

[102] Kant, *CRPr*, AK. V, 4, *o.c.*, p. 90.

[103] M. Gueroult, *Études sur Fichte*, Aubier, Paris, 1974, p. 58, cité par J.-P. Fussler, *in* Kant, *CRPr*, Introduction, *o.c.*, p. 68.

[104] J.-P. Fussler, *in* Kant, *CRPr*, Introduction, *o.c.*, p. 69.

[105] H. Marzolf, *Libéralisme et religion*, Cerf, Paris, 2013, p. 151.

[106] G. Nossent fait ici référence à G. Ockham, « Dieu et la morale », *o.c.*, p. 803-804.

[107] Cf. *ibid.*

[108] Kant, *Métaphysique des mœurs* II, *Doctrine de la vertu*, AK. VI, 438, *o.c.*, p. 295, référence citée par A. Grandjean, « « Volonté pure » et « volonté de volonté ». Critique et métaphysique du vouloir », *o.c.*, p. 193.

Elle est une reconnaissance de notre finitude, de l'« [opposition] »[109] en nous du rationnel et de ce qui « ne réside pas dans la raison elle-même, mais qu'il faut prendre d'ailleurs, à savoir de la sensibilité »[110], étant entendu que la raison pratique pure doit fonder et orienter notre existence, doit travailler inlassablement à l'accomplissement de notre humanité en sa « destination complète »[111]. Précisons que l'« ascétisme éthique » est une éthique de l'incarnation, l'Idée morale devant stimuler ce qui, dans notre être sensible, organique, peut favoriser l'exercice de la vertu (cf. *supra* II).

Cette sagesse se fonde sur l'idée que nous sommes constitués par une « force vitale » (*Lebenskraft*)[112] dont nous ne disposons pas, qui n'est « jamais en [notre] pouvoir »[113], force vitale au cœur de laquelle nous avons reconnu l'absoluité de la loi morale, un « irrelatif »[114] à l'être humain et à Dieu, en tant que la loi morale n'a pas d'auteur, de créateur (cf. *supra* ce III). Que cet absolu soit pensé dans une philosophie de la raison pratique pure (cf. *supra* ce III), cela signifie que l'Idée de vitalité s'articule au concept de devoir moral, que la vitalité doit être pensée, en sa vérité, comme une force du bien, donc que tout doit être fait pour l'intensifier, l'Idée du bien pouvant seule fonder une existence proprement humaine. L'intensification de la force vitale se produit dans une recherche de la « vérité » théorique (en tant qu'elle est fondée dans l'Idée pratique, cf. *supra* II et ce III), dans l'exercice de la vertu (cf. *supra* II), ainsi que dans les réflexions du beau et du sublime, qu'il faut penser comme fondées, sur le mode du jugement réfléchissant, dans l'Idée morale, condition pour que ces sentiments « esthétiques » puissent être conçus comme favorisant la disposition au bien.

---

[109] Kant, *CRP*, AK. III, 540, *o.c.*, p. 676.
[110] Kant, *CRPr*, AK. V, 65-66, *o.c.*, p. 172.
[111] Kant, *CRP*, AK. III, 543, *o.c.*, p. 679.
[112] Kant, *Annonce de la prochaine conclusion d'un traité de paix perpétuelle en philosophie*, AK. VIII, 413, *o.c.*, p. 135.
[113] A. Grandjean, « « Volonté pure » et « volonté de volonté ». Critique et métaphysique du vouloir », *o.c.*, p. 192.
[114] C. Piché, *Kant et ses épigones*, *o.c.*, p. 101.

L'absolu (cf. *supra* ce III) qui constitue notre vitalité « s'impose [...] d'une manière irrésistible »[115], la loi morale devant être reconnue comme la « source » de la « vie », et plus originairement que le *Geist*, qui « s'adjoint à l'âme de l'homme » « [au] moyen de la raison [pratique pure] »[116], et qui est lui-même pensé comme « source mystérieuse de la vie »[117]. Je comprends, à la condition d'exercer ma raison selon un usage critique, « public »[118], que la vitalité a une « orientation morale »[119], qu'elle est un appel incessant à vivifier mes facultés et mon être (en sa « destination »[120] morale). Les sentiments propres à la raison pratique pure (le « contentement de soi-même », le respect, cf. *supra* II), ainsi que les sentiments de la réflexion « esthétique » (« pure »[121]), stimulent la force vitale en son progrès continu (cf. *supra* II) vers la « fin finale » (*Endzweck*)[122], le Bien. Par ailleurs, notre vitalité s'éprouve (*sich fühlt*)[123], ce sentiment d'« être vivant » (*Lebensgefühl*)[124] attestant que l'existence a un sens (moral). Pour qui sait l'accueillir comme il se doit, ce sentiment fait éprouver l'être-au-monde avec « confiance », confiance sans laquelle il n'est pas possible de « vivre » (humainement)[125].

---

115 Kant, *La religion dans les limites de la simple raison*, AK. VI, 36, *o.c.*, p. 103.

116 Kant, *Annonce de la prochaine conclusion d'un traité de paix perpétuelle en philosophie*, AK. VIII, 417, *o.c.*, p. 140.

117 Kant, *Réflexion* 831, Années 1776-1778 ?, *in Reflexionen zur Anthropologie*, AK. XV, 371, cité et traduit par L. Gallois, « L'esprit de la philosophie transcendantale chez Kant », *Archives de philosophie*, 2010/2 (Tome 73).

118 Kant, *Qu'est-ce que les Lumières ?*, AK. VIII, 37, *o.c.*, p. 45.

119 J.-P. Fussler, *in* Kant, *CRPr*, *o.c.*, note 481, p. 422.

120 Kant, *CRP*, AK. III, 543, *o.c.*, p. 679.

121 J. Rogozinski, « A la limite de l'*Ungeheuer* sublime et <monstrueux> dans la *Troisième Critique* », *in L'esthétique de Kant*, H. Parret (Ed.), de Gruyter, Berlin, 1998, p. 653 : « [ce] qui caractérise un jugement esthétique pur, c'est son absence totale de fin, de finalité objective déterminée par la relation à un concept ».

122 Kant, *CRP*, AK. III, 543, *o.c.*, p. 679.

123 Kant, *CJ*, AK. V, 204, *o.c.*, p. 182.

124 *Ibid.*

125 M. Alexandre, *Lecture de Kant*, *o.c.*, p. 271.

La sagesse kantienne est un appel à l'institution, et à la réinstitution, toujours plus pure moralement, de soi-même. Institution qui en appelle, loin de l'« ascétisme monacal »[126](qui, en tant que « mépris exalté [*schwärmerisch*] de soi-même comme homme »[127], mépris se traduisant par « une expiation exaltée », « ne vise pas véritablement la vertu »[128]), au « jeu » des facultés de l'esprit, jeu qui « favorise le sentiment de la santé »[129], a « un effet vivifiant »[130]. La « *Stimmung* des facultés » constitutive de ce jeu peut s'éprouver comme « accord »[131] (dans le jugement déterminant et dans le beau) – D. Dumouchel traduit *Stimmung* par « concordance », « harmonie »[132] – ou « se [déterminer] comme conflit des facultés, ce qui est le cas pour le sublime »[133]. « On parlera, comme Kant, écrit S. Chauvier, du jeu des facultés de connaître pour qualifier la manière dont elles s'exercent à la vue des belles formes naturelles [...] en étant accompagnées d'un sentiment de plaisir. De tout ceci, il pourra se dégager l'image générale [...] d'un état d'esprit, d'une manière gratuite et libre de mettre en activité des capacités, des forces, [...] juste pour le plaisir ou pour la dépense »[134]. Que ce jeu « [s']éprouve [...] sous le mode de l'affect du beau »[135] ou comme sentiment sublime, il nous dispose, sur le mode du jugement réfléchissant, à la « volonté de bien »[136] (cf. *supra* ce III).

---

[126] Kant, *Métaphysique des mœurs* II, *Doctrine de la vertu*, AK. VI, 485, *o.c.*, p. 364.
[127] *Ibid.*, AK. VI, 441, *o.c.*, p. 299.
[128] *Ibid.*, AK. VI, 485, *o.c.*, p. 364.
[129] Kant, *CJ*, AK. V, 331, *o.c.*, p. 319.
[130] Y.-J. Harder, « Kant : les émotions d'un point de vue pragmatique », *in Les émotions*, S. Roux (sous la direction de), Vrin, Paris, 2009, p. 183.
[131] E. Escoubas, *Imago mundi. Topologie de l'art*, Galilée, Paris, 1986, p. 39, cité par J. de Gramont, *Kant et la question de l'affectivité*, *o.c.*, p. 16.
[132] D. Dumouchel, *Kant et la genèse de la subjectivité esthétique*, *o.c.*, p. 223.
[133] E. Escoubas, *Imago mundi. Topologie de l'art*, *o.c.*, p. 39, cité par J. de Gramont, *Kant et la question de l'affectivité*, *o.c.*, p. 16.
[134] S. Chauvier, *Qu'est-ce qu'un jeu ?*, Vrin, Paris, 2007, p. 17.
[135] J. de Gramont, *Kant et la question de l'affectivité*, *o.c.*, p. 16.
[136] M. Alexandre, *Lecture de Kant*, *o.c.*, p. 274.

La sagesse de Kant réside tout entière dans la raison, qui « [stabilise] la liberté humaine »[137], comme le montre l'esthétique du sublime (cette sagesse réside alors dans l'effort incessant pour « stabiliser » le « caractère excessif » d'une liberté de l'« imagination »[138] qui pourrait nous précipiter dans l'abîme). Cet effort, d'essence morale, peut également être reconnu, *mutatis mutandis*, dans le rapport au « pathologique » (au sens kantien, cf. *supra* II) : « Le cœur est toujours emphatique quand la raison ne le dépouille pas. Le cœur est tumultueux, trop de chair, trop de sang, il faut dépouiller »[139].

Cette sagesse réside dans la claire conscience du devoir (moral), celui de laisser « jouer » les facultés en leur « forme supérieure »[140], pour mieux les revivifier, se revivifier, et ainsi « préparer » la « connaissance »[141] et l'action, l'action morale et celle qui consiste à « avoir l'usage du monde », c'est-à-dire à « [entrer] dans le jeu »[142] du monde, « jeu » d'une « liberté » ouverte au monde et à ses « [périls] »[143], action qui, envisagée ici d'un point de vue pragmatique[144], doit se fonder dans la loi morale.

C'est sur une rigoureuse (au sens du rigorisme moral, cf. *supra* ce III) et nécessaire (rationnellement) entreprise transcendantale (cf. *supra* II) que se fonde l'individuation. Il s'agirait donc d'examiner comment la loi morale s'incarne pour constituer un individu, dont l'existence, dans sa dualité organique et spirituelle, est fondée tout entière sur le concept de devoir. Nous interpréterions ainsi la sagesse kantienne comme une tension entre la loi morale et l'idée d'une « culture de soi »,

---

[137] T. Sawada, « Liberté et institution : Sur la phénoménologie de l'*Einbildungskraft* dans la pensée de Marc Richir », *Bulletin d'analyse phénoménologique* XIII, 2, 2017 (Actes 10), p. 540.
[138] *Ibid.*
[139] M. Alexandre, *Lecture de Kant*, *o.c.*, p. 269.
[140] G. Deleuze, *La philosophie critique de Kant*, *o.c.*, p. 9.
[141] O. Chédin, *Sur l'esthétique de Kant*, Vrin, Paris, 1982, p. 40.
[142] Kant, *Anthropologie du point de vue pragmatique*, AK. VII, 120, *o.c.*, p. 84.
[143] M. Foucault, *in* Kant, *Anthropologie du point de vue pragmatique*, « Introduction à l'*Anthropologie* de Kant », *o.c.*, p. 57.
[144] Cf. notre ouvrage *L'institution kantienne de l'humanité*, *o.c.*, p. 44.

qui « consiste […], pour chaque individu, à apprendre à mieux se connaître », au sens kantien de la « connaissance morale de soi » (cf. *supra* introduction), « pour prévoir ses propres réactions, et éviter ainsi de tomber dans l'accès affectif »[145] (Y.-J. Harder se réfère ici au texte suivant de Kant : « Il y a un instant où l'accès de l'affect menace, et alors l'homme doit le chasser de l'esprit avec résolution »[146]). Il s'agirait de montrer comment l'universel se singularise (devient le « singulier (l'individu) »[147]), comment s'effectue « l'individuation de la subjectivité anonyme de la pensée » (disons, dans notre perspective, « l'individuation de la subjectivité anonyme » de la transcendantalité pratique) « en l'individu humain concret »[148], lequel doit éprouver la « joie » (*Frohsinn*)[149] d'être au monde[150], l'amour de la vie, amour fondé dans le « respect » (*Achtung*) pour la loi morale[151] – sans lequel il ne saurait y avoir d'« amour [*Liebe*] véritable »[152] –, mais aussi dans l'« amour [*Liebe*] pratique », qui « signifie […] : exécuter volontiers [*gerne*] »[153] la loi morale.

Le « seul fait, écrit Kant, de ne pas agir manifestement à l'encontre de l'Idée […] [du « bien suprême »] est ce qu'on pourrait appeler en gros la sagesse humaine »[154]. Nous comprenons à présent que la sagesse humaine réside, plus précisément, dans une tension entre l'obligation d'agir « par

---

[145] Y.-J. Harder, « Kant : les émotions d'un point de vue pragmatique », *o.c.*, p. 181.

[146] Kant, *Leçons d'anthropologie* 1781-1782, AK. XXV, 2, 1119, cité par Y.-J. Harder, « Kant : les émotions d'un point de vue pragmatique », *o.c.*, p. 181.

[147] M. Richir, « De l'individu et du voyage philosophique », *Passé Présent* n° 1 (Collectif), Ramsay, Paris, 1982, p. 89.

[148] *Ibid.*

[149] Kant, *Métaphysique des mœurs* II, *Doctrine de la vertu*, AK. VI, 485, *o.c.*, p. 364.

[150] Cf. notre ouvrage *Le problème kantien de l'éthique. Habiter le monde*, *o.c.*, p. 75-76.

[151] Kant, *CRPr*, AK. V, 83, *o.c.*, p. 194.

[152] Kant, *La fin de toutes choses*, AK. VIII, 337, *o.c.*, p. 120.

[153] Kant, *CRPr*, AK. V, 83, *o.c.*, p. 194-195.

[154] Kant, *La fin de toutes choses*, AK. VIII, 336, *o.c.*, p. 118.

devoir »[155] et le fait d'agir « volontiers » (cf. *supra*) par devoir. C'est une tension constitutive de la raison pratique pure, dont nous avons montré la « dimension conative, qui lui fait » vouloir par devoir « la vie » morale « en sa complétude »[156], c'est-à-dire l'existence comme individuation du « fait » de la « loi » morale[157].

[155] Kant, *CRPr*, AK. V, 81, *o.c.*, p. 192.
[156] P.S. Anderson, « Kant et le renouveau de la pratique « analytique » dans la philosophie contemporaine », *ThéoRèmes* [En ligne], 2/2012, mis en ligne le 01 juillet 2012. URL : http : //theoremes.revues.org/290.
[157] Kant, *CRPr*, AK. V, 31, *o.c.*, p. 127.

TABLE DES MATIÈRES

Philosophie

aux éditions L'Harmattan

Dernières parutions

L'ART (D'ÊTRE) IDIOT
Truchaut Pierre J. – Préfaces de Marc Lasuy et Philippe Godin
Qu'est-ce qu'un idiot ? Pourquoi cette figure est-elle digne d'intérêt ? L'idiot n'est peut-être pas le personnage que l'on croit. Il est loin d'être crétin, imbécile ou débile ! L'idiot est cet être fort qui agit de lui-même contre vents et marées, qui de sa propre initiative se comporte et crée en fonction de règles qu'il s'est lui-même prescrites. L'idiot, c'est cet être intelligent qui n'a pas besoin de le prouver mais qui incite les autres à s'interroger sur leur propre mode de vie et cela à son insu.
(28.00 euros, 284 p.)
ISBN : 978-2-343-13472-7, ISBN EBOOK : 978-2-14-005274-3

LA COURONNE OFFERTE
Le saint-simonisme et la doctrine de l'espérance
Carlisle Robert B. – Traduit de l'anglais par René Boissel
Saint-Simon, penseur fécond et original, avait prophétisé l'avènement d'une nouvelle société. Devait se substituer à l'ordre ancien le règne des savants, des artistes et des industriels, pour la paix et une prospérité sans précédent. Grâce à la coopération de toutes les classes sociales, « la classe la plus pauvre et la plus nombreuse » sortirait de sa condition. Ses disciples créeront la religion saint-simonienne, dont le versant rationnel et technique sera mis en place sous le Second Empire. Robert B. Carlisle nous raconte la genèse de cette aventure qui influencera notre politique industrielle.
(Coll. Ouverture Philosophique, 28.00 euros, 268 p.)
ISBN : 978-2-343-08370-4, ISBN EBOOK : 978-2-14-005390-0

CRÉATION ET CHANGEMENT
Savadogo Mahamadé
Interrogeant le sens de la relation entre une œuvre et son auteur, cet ouvrage élabore une réflexion qui dévoile le profil du créateur, envisage l'évolution de l'œuvre et s'arrête sur la relation entre création et socialisation. Le rapport entre culture et création et celui entre création et changement social indiquent des passages entre la théorie de la création et la philosophie de l'histoire d'un côté et entre elle et la philosophie politique de l'autre. En définitive, l'enjeu de l'élaboration d'une théorie philosophique de la créativité va bien au-delà de la réhabilitation de la philosophie de l'art, hantée par « la mort de l'art ».
(Coll. Ouverture Philosophique, 19.50 euros, 186 p.)
ISBN : 978-2-343-13517-5, ISBN EBOOK : 978-2-14-005282-8

HEIDEGGER ET L'ESSENCE DE LA POÉSIE
Balazut Joël
L'une des voies d'accès à l'œuvre de Heidegger est son interprétation de la poésie. Bien comprise, elle n'aurait rien à voir avec l'expression d'une subjectivité, mais manifesterait la vérité originelle. Elle constituerait ainsi l'essence profonde de la langue comme dévoilement d'un monde et forme originelle de la pensée. S'efforçant de mettre au jour le sens de cette conception ontologique de la poésie, ce livre aboutit à une lecture cohérente et complète de l'œuvre heideggérienne. La déconstruction n'est pas contre la philosophie : elle répond à la question de l'être.
(Coll. Ouverture Philosophique, 14.00 euros, 124 p.)
ISBN : 978-2-343-13483-3, ISBN EBOOK : 978-2-14-005230-9

LA LEÇON DE PHILOSOPHIE DE SOCRATE À ÉPICTÈTE
Lecture des *Entretiens*
Lombard Jean
Les *Entretiens* d'Épictète, notes de cours rédigées par un disciple, éclairent la problématique de la leçon et sa place dans la réflexion pédagogique antique et moderne. La leçon de philosophie a eu dès l'origine la particularité d'être à la fois une leçon comme une autre et une leçon qui ne ressemble à aucune autre. Les *Entretiens* montrent une évolution majeure de la leçon en tant qu'espace du discours à l'heure du stoïcisme héroïque : ils portent à des sommets les schémas hérités du socratisme fait pour interpeller et y ajoutent une fonction de subversion venue du cynisme. Épictète fait ainsi de la leçon philosophique un modèle.
(Coll. Éducation et philosophie, 17.50 euros, 164 p.)
ISBN : 978-2-343-13671-4, ISBN EBOOK : 978-2-14-005358-0

LIBERTÉ
Walch Guy
Lire Spinoza au XXIe siècle en relisant une vie contemporaine ? C'est se résoudre à regarder le monde sans fausses craintes ni faux espoirs. Amender les évidences, les opinions savantes et publiques. Regarder le monde en comprenant que chaque chose y est singulière. Plus les choses singulières sont intelligées, plus la nature infinie l'est. Ce thème éclaire les rapports entre imagination et connaissance, durée et éternité, ou encore écologie globale et nature de la liberté. On ne peut ni connaître ni donc aimer l'infini comme tel, seulement les choses singulières connaissables, dans la proximité immense de la part d'univers de l'homme.
(Coll. Ouverture Philosophique, 45.00 euros, 562 p.)
ISBN : 978-2-343-13448-2, ISBN EBOOK : 978-2-14-005342-9

MACHIAVEL ET LES CONJURATIONS POLITIQUES
La lutte pour le pouvoir dans l'Italie de la Renaissance
Campi Alessandro
Le thème de la conjuration est central dans l'œuvre de Machiavel. Il la conçoit comme un instrument de conquête du pouvoir et comme une technique de lutte politique. Cet ouvrage contredit une interprétation répandue selon laquelle Machiavel se serait limité à mettre en garde contre les conjurations. En réalité, il a élaboré une authentique phénoménologie ou anatomie de la conjuration. Ses réflexions représentent un manuel pratique pour le « coup d'État » et la conquête

violente du pouvoir. Mais elles comprennent aussi des intuitions pertinentes en psychologie politique, sociologie du pouvoir et anthropologie sociale.
(Coll. Ouverture Philosophique, 19.00 euros, 182 p.)
ISBN : 978-2-343-13238-9, ISBN EBOOK : 978-2-14-005267-5

LA PHÉNOMÉNOLOGIE À L'ÉPREUVE DE LA VIE SAPIENTIALE AFRICAINE
Dominique Kahang'a Rukonkish à l'école de la philosophie de Michel Henry
Mawanzi César
En s'interrogeant sur la visée phénoménologique de maturité de la vie africaine, la pensée de Kahang apparaît fortement imprégnée par une expérience de la temporalité de l'homme africain, capable d'assumer son destin devant l'histoire. Soucieux de bâtir un État de droit, un espace public en Afrique enrobé dans les valeurs républicaines et démocratiques, Kahang appelle à construire une éthique du pouvoir et de la responsabilité, fondée sur les principes de reconnaissance et de justice.
(Coll. Études africaines, 39.00 euros, 452 p.)
ISBN : 978-2-343-13459-8, ISBN EBOOK : 978-2-14-005242-2

LA RE-CENTRATION DE L'HOMME
Réflexions philosophiques sur la question du devenir de l'humain à l'ère des technosciences et des postulats de la laïcité
Mouchili Njimom Issoufou Soulé, Manga Bihina Antoine
Cet ouvrage est un ensemble de textes abordant, à partir des thématiques multilatérales, une question centrale portant sur la re-centration de l'homme. Il s'est agi, pour chacun des auteurs, suivant sa sensibilité philosophique, de savoir si l'homme n'est plus le centre ou au centre du monde. En fait, avec l'économie libérale, une rationalité (bio)-technologiquement conditionnée et enfin une sécularisation de l'humain, l'homme est dans l'obligation de penser les conditions d'une redéfinition de son exceptionnalité.
(Coll. Ouverture Philosophique, 25.00 euros, 252 p.)
ISBN : 978-2-343-13110-8, ISBN EBOOK : 978-2-14-005328-3

ROBOTS TERRESTRES PARMI LES HOMMES
Une analyse comparative d'un système d'arme en gestation entre les États-Unis, la Chine, la France, Israël et la Russie
Rieutord Dylan
Si la nature de la guerre sera toujours la même, son caractère change avec les sociétés. Les grandes puissances mondiales ont amorcé la course à l'armement robotisé. La robotisation de l'esprit est déjà une réalité. Quid de son application dans l'armée ? Les robots changeront-ils le visage de la guerre ? Cet ouvrage compare cinq puissances : les États-Unis, la Russie, la Chine, Israël et la France. Les perspectives stratégiques et tactiques mènent à repenser la façon de faire la guerre.
(Coll. Épistémologie et philosophie des sciences, 26.00 euros, 250 p.)
ISBN : 978-2-343-12966-2, ISBN EBOOK : 978-2-14-005254-5

PASSION DE LA PENSÉE
Lecture de Heidegger
Jouard Jean-Pierre Emmanuel
Ce livre veut restituer la clarté de cette œuvre difficile que sont les *Contributions à la philosophie* de Heidegger, non pas en en récusant l'obscurité, mais en reconnaissant l'obscur essentiel de l'Être dans sa vérité d'événement : car penser signifie répondre à l'événement de l'Être, suivant un questionnement rigoureux qui s'appelle ici Passion de la pensée.
(Coll. Ouverture Philosophique, 39.00 euros, 504 p.)
ISBN : 978-2-343-13375-1, ISBN EBOOK : 978-2-14-005287-3

SCIENCE ET MÉTAPHYSIQUE
Sous la direction de Banywesize Emmanuel M.
Par-delà la résolution synthétisante de la vieille énigme qui concerne la différence de nature qui existe entre les deux branches des rationalités que sont la science et la métaphysique, il s'agit dans ce livre d'expliquer comment la science a marqué le destin de la philosophie contemporaine, dans ses bifurcations et ses renoncements, mais avant tout dans ses racines les plus profondes et les plus fécondes, c'est-à-dire la métaphysique avec ou sans histoire scientifique.
(25.50 euros, Cahiers épistémo-logiques 6, 238 p.)
ISBN : 978-2-343-13520-5, ISBN EBOOK : 978-2-14-005337-5

TRILOGIE DES PLUS LARGES HORIZONS QUI SOIENT ET QUI PUISSENT ÊTRE
Comment ? Pourquoi ? Et vers quoi ?
Aumont Michèle
« Les larges horizons » ne peuvent être qu'« ignatiens » sous ma plume. Mais peu savent que j'ai osé déjà me dire « ignatienne 100 % », comme je le déclare ici. Par ce livre, tous apprendront comment cela s'est fait et pourquoi. Peut-être devineront-ils jusqu'où cela peut aller et combien c'est important pour notre monde et à notre époque. Mes anciens et nouveaux lecteurs apprendront par quels sentiers je suis passée pour découvrir, avec Ignace de Loyola, jusqu'à quels horizons il en est venu à s'ouvrir.
(Coll. Ouverture Philosophique, 14.00 euros, 120 p.)
ISBN : 978-2-343-13254-9, ISBN EBOOK : 978-2-14-005234-7

Structures éditoriales du groupe L'Harmattan

L'Harmattan Italie
Via degli Artisti, 15
10124 Torino
harmattan.italia@gmail.com

L'Harmattan Hongrie
Kossuth l. u. 14-16.
1053 Budapest
harmattan@harmattan.hu

L'Harmattan Sénégal
10 VDN en face Mermoz
BP 45034 Dakar-Fann
senharmattan@gmail.com

L'Harmattan Cameroun
TSINGA/FECAFOOT
BP 11486 Yaoundé
inkoukam@gmail.com

L'Harmattan Burkina Faso
Achille Somé – tengnule@hotmail.fr

L'Harmattan Guinée
Almamya, rue KA 028 OKB Agency
BP 3470 Conakry
harmattanguinee@yahoo.fr

L'Harmattan RDC
185, avenue Nyangwe
Commune de Lingwala – Kinshasa
matangilamusadila@yahoo.fr

L'Harmattan Congo
67, boulevard Denis-Sassou-N'Guesso
BP 2874 Brazzaville
harmattan.congo@yahoo.fr

L'Harmattan Mali
Sirakoro-Meguetana V31
Bamako
syllaka@yahoo.fr

L'Harmattan Togo
Djidjole – Lomé
Maison Amela
face EPP BATOME
ddamela@aol.com

L'Harmattan Côte d'Ivoire
Résidence Karl – Cité des Arts
Abidjan-Cocody
03 BP 1588 Abidjan
espace_harmattan.ci@hotmail.fr

L'Harmattan Algérie
22, rue Moulay-Mohamed
31000 Oran
info2@harmattan-algerie.com

L'Harmattan Maroc
5, rue Ferrane-Kouicha, Talaâ-Elkbira
Chrableyine, Fès-Médine
30000 Fès
harmattan.maroc@gmail.com

Nos librairies en France

Librairie internationale
16, rue des Écoles – 75005 Paris
librairie.internationale@harmattan.fr
01 40 46 79 11
www.librairieharmattan.com

Lib. sciences humaines & histoire
21, rue des Écoles – 75005 Paris
librairie.sh@harmattan.fr
01 46 34 13 71
www.librairieharmattansh.com

Librairie l'Espace Harmattan
21 bis, rue des Écoles – 75005 Paris
librairie.espace@harmattan.fr
01 43 29 49 42

Lib. Méditerranée & Moyen-Orient
7, rue des Carmes – 75005 Paris
librairie.mediterranee@harmattan.fr
01 43 29 71 15

Librairie Le Lucernaire
53, rue Notre-Dame-des-Champs – 75006 Paris
librairie@lucernaire.fr
01 42 22 67 13